中国创造

Created in China

王红领 著

九州出版社
JIUZHOUPRESS

图书在版编目(CIP)数据

中国创造 / 王红领著. — 北京 ：九州出版社，2010.9

ISBN 978-7-5108-0642-1

Ⅰ. ①中… Ⅱ. ①王… Ⅲ. ①企业管理—研究—中国 Ⅳ. ①F279.23

中国版本图书馆 CIP 数据核字(2010)第 170745 号

中国创造

作　　者　王红领　著

出版发行　九州出版社

出 版 人　徐尚定

地　　址　北京市西城区阜外大街甲 35 号(100037)

发行电话　(010)68992190/2/3/5/6

网　　址　www.jiuzhoupress.com

电子信箱　jiuzhou@jiuzhoupress.com

印　　刷　北京市通州富达印刷厂

开　　本　710 毫米×1000 毫米　16 开

印　　张　11.75

字　　数　89 千字

版　　次　2010 年 9 月第 1 版

印　　次　2010 年 9 月第 1 次印刷

书　　号　ISBN 978-7-5108-0642-1

定　　价　27.80 元

谨以此书献给不断创造和坚定奋斗的企业、团体、个人！

前　言

“中国创造”的时代已经到来

这是一个创造的世纪！

这是一个学习的世纪！

一个崭新的世界，即将到来；一页全新的历史，即将翻开。

中国创造，引领时代，开创未来！

这是人们心底最强烈的呼唤和呐喊，更是我们最热切的渴望和期盼。

这个时代，中国正在崛起；这个时代，中国正在转型、升级；我们的企业、社会团体和每一个人，也在全力开创！

那么，究竟我们该如何开创，未来该如何发展？什么是创新创造，为什么要创新创造？中国该怎样去创造？中国创造的核心和根本又在哪里？

这是一个全新的时代！

我们一直在思考！

我们一直在行动！

我们也一直在路上！

如果没有灯塔和阳光，奔跑得越快，我们就越容易迷失方向；前行的路上，我们需要正确的思想引领和全力奋斗的力量！

创造，是我们这个世界永恒不变的追求和真理。

中国需要自强不息；

中国需要不断创造；

中国需要奋起觉醒；

中国需要智慧引领！

立足中国现有的实力和根基，我们应注重学习全球最出色的智能和伟绩！

中国创造的时代，已经到来！

我们的思想，我们的教育，我们的文化，我们的经济，我们的社会，我们的外交，我们的自然，我们的环境，我们的历史，我们的科技，我们的人文……在创造的激发引领和其强大动力的推动下，将会达到一个卓越非凡的高度和一种勇登巅峰的思想层次与境界！

相信中国，相信中国的企业，相信拥有无限潜能智慧的团体和个人，相信坚苦卓绝的奋斗和创造的力量！

这是一种思想和文化的新生！

这是一种时代和未来的召唤！

中国创造，Created in China！激发潜能，引导世界！

中国创造，Created in China！开创时代，引领未来！

王红领

2010.7　北京

目　录

中国创造 全球战略

Created in China Global Strategy

号角吹响 坚定起航

把握全球战略 抓住关键核心 赢得先机 主动出击

第一版块

第二版块

第三版块

中国创造　引领未来

Created in China　Lead the Future

不畏艰难　坚定信心和信念

执着进取　勇敢创造和行动

中国 China

觉　醒

中国·时代

这是一个全新的时代！

这是一个智慧的时代！

这是一个充满着无限的激情、梦想、潜能与活力的时代！

这更是一个我们完全可以创造非凡和奇迹的时代！

那么，在这个时代之前呢？

中国·反思

千百年来，曾有无数的仁人志士，在心底深处发出这样的呐喊：“中国，何以自强?”历史的潮流，也曾无数次地将这片古老而悠久的土地冲刷和洗礼，然而，生活在这片土地上的人们，却从未忘记这样一个无比铿锵而有力的声音。

“自强!”已牢牢铭刻在这个民族的内心，深入到每一个人的骨髓和灵魂。“自强!”已然成为这个民族最伟大的脊梁，最坚定的力量!

然而，“中国，何以自强?”这更是近现代以来，每一个人中国心中最强烈、最渴望、最期盼的心声。百年荣辱，百年沧桑，从林则徐、魏源等人第一次响亮地提出具有启蒙性质的“开眼看世界!”到鸦片战争，八国联军入侵中国，再到甲午中日战争，中国可谓是一败再败。何以至此?直到从惨烈的疼痛中惊醒的那一刻，那些妄自尊大、自欺欺人之辈，才看破了所谓“天朝上国”的虚幻魅影；也直到那一刻，沉重的打击才终于叩开了中国人在愚昧无知中沉睡的心门!

“皮之不存，毛将焉附?”“天下兴亡，匹夫有责”，于是，深刻体会到“落后就要挨打”，“在战争的屈辱中根本没有生存可言，更不用谈尊严”的人们，遂异常坚定地开始了雄狮般的觉醒，并发出了振聋发聩的怒吼：“自强，觉醒!”

一场轰轰烈烈的民族大运动，在“内忧外患”的背景下，在历史变革的延伸中，像一幕幕画卷，逐渐铺展开来。这一次所不同的是，最英勇智慧的中国人民开始全力以最非凡的力量采取最强有力的行动。而人民的意识与力量一旦觉醒和迸发，就如滔滔江水，势不可挡！可以说，从洋务运动喊出“自强”的口号到维新变法、辛亥革命，到新文化运动、五四运动，再到抗日战争、解放战争、新中国的成立，再到“两弹一星”的研制成功、改革开放，以至21世纪今天的中国，这其中无不深刻饱含着人们对自强心声的呼唤，也无不深刻地体现着自强觉醒精神对人们的激励和鞭策，以及那永远不屈不挠的中国民众的英勇智慧和力量。

其实，以后人的眼光去看，站在历史的角度上去分析，我们很快就会明白，鸦片战争前的中国，已经病入膏肓。更不用说早已忘记了中国那句古老而经典的名言——“知己知彼”。

当时的情况是，世界范围内，欧美资本主义国家迅速崛起。19世纪上半期，英国率先完成工业革命，成为头号资本主义强国。法美等国相继进行工业革命，他们为夺取更多的销售市场和原料产地，加紧对外扩张。而且一些国家在经过海洋文明与战争的洗礼，以及国内工业大发展后，开始积累起雄厚的实力资本。而这时的中国仍是以家庭为单位，自给自足的自然经济占统治地位，土地高度集中，并且，在清朝后期更是政治腐败、闭关锁国，而当时的满朝官员仍旧安享所谓“地大物博”“天朝上风”的农业文明社会带来的“殷实富有”和“荣华富贵”的生活。这令人感到多么滑稽和悲哀，这是多么好的一幅远离大树根基的“迷思幻影”，更是多么好的一栋已然失去支柱的“空中楼阁”。

可以说，中国从不乏真正的智慧，古言亦有“知人者智，自知者明”，可惜这些真知都被当时的执政者忘得一干二净，抑或根本就没有弄懂其中深意，只是蒙蔽了双眼。即使到后来察觉技不如人后，专门派人到国外去学习，也不得其道，难取真经。更有许多人在明白内外的差距后，根本就不思进取，不愿改进，只想“安享太平”，或简单地模仿，不明核心与机理，以致最后溃败不堪，悔之，已无力回天。思想观念的落后，认识的狭隘，实用科技技能与人才资源的缺乏，以及上层建筑与广大普通民众的脱离，从而导致当时中国的落后与失败，这座百年基业大厦的轰然倒塌也是注定的。正如孟子所谓：“生于忧患，死于安乐”，优胜劣汰的残酷结果，便是事实明证。

然而，时至今日，我们的中国真的强大了吗？中国的思想观念真的进步了吗？中国的科技文化真的领先吗？中国的经济实力真的那么雄厚吗？中国的教育、人才资源和发展真的那么完善吗？

若远非如此，今日之中国，何时真正实现自强呢？中国，又何以自强呢？中国未来的道路和方向在哪里走呢？同时，站在高速发展而又竞争激烈的21世纪，中国凭什么崛起呢？中国靠什么实现真正的复兴和强盛呢？又拿什么和别人展开强有力的竞争？我们自身又能依靠什么在未来坚定且骄傲地告诉世人“我们已真正的屹立于世界民族之林”呢？

古人云：知历史而知天下。鉴于历史发展的经验和深刻教训，今天，我们会时刻保持着这种警钟长鸣的意识和深刻清醒的认识吗？可以非常确定的一点是，我们真的再也不想重蹈历史的覆辙，妄自尊大、自欺欺人，到头来付出极其惨痛的代价！那么，为什么我们现在就不能提前去反思？去深想？去开拓？去挖掘？去预见和把握呢？

历史，已成为过去，但这面镜子，会时刻反照着现实。

今天，我们必须要深刻明白这些，我们也必须勇敢地面对自己的过去和真实的现在，否则，我们还是无法真正直面科学真理和客观事实。如不反思，在面对危机和困难的时候，我们将依然难以站稳脚跟，甚至找不到前进的道路和方向，更不用说找到那片美丽的蓝海港湾与灿烂阳光。唯有懂得反思，并且真正改变，我们方可在中国自强的大道上迈出牢固而坚实的第一步。

相信这些，无论对于国家，对于企业，对于社会，还是对于我们每一个人，都至关重要！

中国·新生

我们知道，无论是从哲学的角度，还是从思辨的角度来看，矛盾都是随时随地存在的，也都是对立统一的。哪里有机遇，哪里就有挑战。哪里有“危”，哪里就有“机”。可以说，世界上任何事物都是矛盾的对立统一体。矛盾无时不在，无处不有，这似乎不可思议，但正是因为这些矛盾的存在，我们才会想去改变，才会想去挑战，去超越。所以，矛盾也就成了事物发展的根本动力。这也恰如道家的易经八卦图，阴阳相生相克，对立统一，像世间万事万物一样自然和谐的融为一体。矛盾的观点，恰好对应了中国由古至今“道法自然”的深刻思想内涵和智慧理念。

从客观和理性的角度看，任何新生事物的成长都要在原有事物中孕育，更要在此基础上挣脱旧有观念的束缚，克服重重艰险，战胜种种困难，完成由量变到质变的积累过程，然后在内外因的共同作用下，由内因主导，实现质的突破和飞跃，从而成为一个新的个体或事物，世间万物莫不如此。这个成长和历练的过程是异常艰难和痛苦的，然而，待他们获得新生后也是无比辉煌和灿烂的，这也正是矛盾的对立统一。

但同时，我们也应看到，意识的能动作用也是非常强大的，它在事物矛盾运动的过程中所起到的催化和激发作用，可以说是无与伦比的。

中国具有这样强大的思想和智慧，北京奥运会的成功举办和金牌总数的世界第一，就是一个超强力量的明证。只是，现在我们还没有真正挖掘出我们巨大的潜能，还没有真正发挥出我们无穷的潜力。我们尊重客观规律，但同时我们也要更好地发挥出我们的主观能动性，让潜能的力量和思想智慧的火花自由迸发，一如灿烂晴空里的太阳，绽放出最美的光芒！

我们始终坚信，不好的东西，我们总可以更好地改进；我们更愿意相信，积极的因素更有利于新生事物的生长。于是，我们从客观角度和实际出发，以抓住矛盾的主要方面，亦即积极的因素来探讨中国的新生和发展。所以，我们也乐观地发出我们心中最强烈的倡导：

新的时代，我们开启了新的生命！

新的时代，我们也开始了新的征程！

今天，真的是一个具有无限可能的时代，更是一个我们可以不断地开拓、学习、努力创造的时代。

我们的思想需要新生，我们的行动需要新生，我们的激情与活力需要新生，我们的梦想和希望需要新生，我们的未来与世界需要新生！

现在的中国，备受全世界的关注，这和好几代人艰苦奋斗与呕心沥血的付出是分不开的；现在的中国，充满着无限的活力，这也是和改革开放后几代人艰苦卓绝的探索、磨炼以及点滴积累是分不开的。

世界在注视中国，历史也提供了最好的机遇。

同时，世界也在期待中国，看新的中国能否引领新的世界。

在中国，我们赶上了最好的时代，这是一个新生的时代，在这个新生的时代，我们应该珍惜，我们更应该去努力。

同样，在世界，我们也赶上了最好的世纪，这是一个全新的世纪，在这个全新的世纪，人们正在不断地学习，不断地创造。

感谢这个世界赋予了中国多样化的色彩，我们也更期待我们中国能够带给这个世界更多以新生的力量！

我们会清醒地看待自己，我们也会更加清醒地看待这个世界。

我们在新生！新生，就要有新生的力量；新生，就要有新生的希望；新生，就要有新生的信念；新生，就要有新生的梦想；新生，就要有新生的雄心；新生，就要有新生的行动和方向！

这时的中国，正处在最美好的新生的时代；这时的中国，也处在艰苦卓绝的创业时代！我们在探索中寻找，我们在历练中成长，我们渴望自主自强，我们更渴望亿万人民梦想实现的那一天鲜花的精彩绽放和动人芳香！

这一刻，我们要马上行动！

这一刻，我们要全力奋斗进取！

这一刻，我们要不断创新创造！

这一刻，我们要坚定地走向世界，我们要不断开拓新的蓝色天空和海域！勇敢领航！

中国创造　Created in China

全力开创

时代先声

中国创造·追问

什么是“中国创造”?

为什么要“中国创造”?

“中国创造”应该怎么做?

这是首先要问到的问题，也是最基本、最关键的问题！同时，让我们再进一步深入的去探讨发问：

中国崛起和复兴的根本是什么?

中国人自强的底气和实力在哪里?

“中国创造”究竟能给中国和世界带来什么?

“中国创造”的核心与动力又是什么?

“中国创造”有必要吗?

“中国创造”的时机成熟吗?

“中国创造”我们能做到吗?

曾子曰：“吾日三省吾身”。我们是否也这样更多地去省、思、问过自己呢?亦如范仲淹所言：“先天下之忧而忧，后天下之乐而乐”，我们是否也这样“忧”“乐”过呢?所谓“凡事预则立，不预则废”，今天，我们是否还这样未雨绸缪呢?强烈的危机感和生存意识，我们是否还能够时刻铭记呢?

是为追问，以期自励、自察、自省。

“中国创造”，感谢这个世界赋予了我们这样的所思、所想、所问！

这是一个新的时代思潮，这也是一个新的思想理念和智慧文化的引领。

相信这更是当今国家、企业、社会团体乃至更多有识之士都在思考、探索，并试图解决的问题。

当“中国创造”的时刻已经到来，你准备好了吗？

中国创造·形势

问题，是思想的前提；思想，是行动的先导；而行动，是最好的证明！亦即科学原理中的“实践是检验真理的唯一标准”。

问题给予了我们更多的启发和思考，而实地战斗则更需要看我们是否真的能够做到一切从实际出发，从而让思想智慧的种子落地、生根、发芽、开花和结果，并且能够真正地“从实践中来，再到实践中去”，根据自己的具体情况，将事情和问题具体分析、探讨和解决。

究竟“中国创造”是什么，为什么，到底应该怎么做？这真的是一个非常值得去深入研究的课题，这也正是中国经济发展转变和未来中国崛起强盛的关键所在。中国创造，整体而言，乃中国开创，其汇聚世界智慧和潜能，更多地体现在真正的“创造”！这个全新的世界和时代，这个时期最全新的中国，需要“创造”，更需要“中国创造”！

改革开放以来，中国经济的飞速发展，人民生活水平的不断提高，社会各个层面所发生了翻天覆地的变化，这是全世界有目共睹的，更是一个摆在我们面前不争的事实。

同时，“Made in China”——“中国制造”的标签，也已传遍全球，可以说，贴有“中国制造”的产品，几乎遍布世界的各个角落，“哪里有东西卖，哪里就有中国制造”，这听上去颇为豪迈，也让我们由衷地为中国感到骄傲和自豪！

从2007年，中国大陆的经济总额一度超过德国，成为世界上第三大经济体。即使在全球金融危机的严峻形势下，2009年，中国的经济增长率依然保持在8%以上，达到8.7%的水平，并率先实现复苏，是目前世界上经济增长速度最快的国家。而且，据2010年的最新数据显示，2009年中国的出口总额为12016.6亿美元，从而超过德国一跃成为世界第一出口大国，同时，国内生产总值达到49092.81亿美元，紧随世界第二位日本的50728.90亿美元，并且将很快取得新的突破和超越。

2010年4月21日，世界货币基金组织（IMF），紧接着发布《世界经济展望》报告，预测2010年亚洲新兴经济体将继续保持增长，尤其是中国，更是有望实现10%的增速。

现在的中国，积极地参与到国际竞争中，并已俨然成为世界的“超级工厂”，世界经济发展的一个动力引擎。“中国产品，合作制造，全球受益，世界共享”！“世界工厂”、“出口桂冠”的美誉能够落在中国，实属不易；中国能够受到世界越来越多的重视和关注，亦是难得；这不能不说是中国实力的见证。对于一向渴望自立自强和一定要争一口气的我们来说，回顾过去的艰难奋斗历程，这不能不说是一种极大的安慰。中国，真的是好样的！

这样的信心和力量，承载着人们心中无限的希望；这样的形势和格局，锻造着我们执著进取的品格，使人们更加斗志昂扬！

然而，从另一个方面来说，当我们再进一步深入地反思，进而再全面细致地用心去体会、去分析时，待抛开所有这些华丽的荣光之后，也许我们就会更深刻地意识到我们自身所面临的困难和问题，这是我们必须直面的事实，也是我们以后必须全力彻底解决的关键。

下面就让我们来看一组客观列表和数据分析：

世界500强，《财富》2009年研究公布的前五十强名单：

排名	中文常用名称	总部所在地	主要业务	营业收入（百万美元）
1	皇家壳牌石油	荷兰	炼油	458，361
2	埃克森美孚	美国	炼油	442，851
3	沃尔玛	美国	一般商品零售	405，607
4	英国石油	英国	炼油	367，053
5	雪佛龙	美国	炼油	263，159
6	道达尔	法国	炼油	234，674
7	康菲	美国	炼油	230，764
8	荷兰国际集团	荷兰	银行	226，577
9	中国石化	中国	炼油	207，814
10	丰田汽车	日本	汽车	204，352
11	日本邮政	日本	邮政服务	198，700
12	通用电气	美国	多元化	183，207
13	中国石油天然气	中国	炼油	181，123
14	大众汽车	德国	汽车	166，579
15	国家电网	中国	公用事业	164，136
16	Dexia Group	比利时	银行	161，269
17	埃尼	意大利	炼油	159，348
18	通用汽车	美国	汽车	148，979
19	福特汽车	美国	汽车	146，277
20	安联	德国	保险	142，395
21	汇丰控股	英国	银行	142，049
22	俄罗斯天然气工业	俄罗斯	能源	141，455

续表

排名	中文常用名称	总部所在地	主要业务	营业收入（百万美元）
23	戴姆勒	德国	汽车	140，328
24	法国巴黎银行	法国	银行	136，096
25	家乐福	法国	食品、药品店	129，134
26	意昂	德国	能源	127，278
27	委内瑞拉石油	委内瑞拉	炼油	126，364
28	安赛乐米塔尔	卢森堡	金属	124，936
29	美国电话电报公司	美国	电信	124，028
30	西门子	德国	电子、电气设备	123，595
31	墨西哥石油	墨西哥	原油生产	119，235
32	惠普	美国	计算机办公设备	118，364
33	瓦莱罗能源	美国	炼油	118，298
34	巴西石油	巴西	炼油	118，257
35	西班牙国际银行	西班牙	银行	117，803
36	国家石油	挪威	炼油	116，211
37	美国银行	美国	银行	113，106
38	苏格兰皇家银行	英国	银行	113，087
39	花旗集团	美国	银行	112，372
40	三星电子	韩国	电子、电气设备	110，350
41	伯克希尔哈撒韦	美国	保险	107，786
42	麦克森	美国	保健品批发	106，632
43	兴业银行（法兴银行）	法国	银行	104，378
44	日本电报电话	日本	电信	103，684
45	国际商用机器	美国	信息技术服务	103，630
46	农业信贷银行	法国	银行	103，582
47	忠利保险	意大利	保险	103，103
48	雀巢	瑞士	食品	101，565
49	摩根大通	美国	银行	101，491
50	麦德龙	德国	食品、药品店	101，217

世界 500 强，《财富》2010 年研究公布的前五十强名单：

排名	中文常用名称	总部所在地	主要业务	营业收入（百万美元）
1	沃尔玛	美国	一般商品零售	408，214
2	皇家壳牌石油	荷兰	炼油	285，129
3	埃克森美孚	美国	炼油	284，650
4	英国石油	英国	炼油	246，138
5	丰田汽车	日本	汽车	204，106
6	日本邮政	日本	邮政服务	202，196
7	中国石化	中国	炼油	187，518
8	国家电网	中国	公用事业	184，496
9	安盛	法国	保险	175，257
10	中国石油天然气	中国	炼油	165，496
11	雪佛龙	美国	炼油	163，527
12	荷兰国际集团	荷兰	银行	163，204
13	通用电气	美国	多元化	156，779
14	道达尔	法国	炼油	155，887
15	美国银行	美国	银行	150，450
16	大众汽车	德国	汽车	146，205
17	康菲	美国	炼油	139，515
18	法国巴黎银行	法国	银行	130，708
19	忠利保险	意大利	保险	126，012
20	安联	德国	保险	125，999
21	美国电话电报公司	美国	电信	123，018
22	家乐福	法国	食品、药品店	121，452
23	福特汽车	美国	汽车	118，308
24	埃尼	意大利	炼油	117，235
25	摩根大通	美国	银行	115，632
26	惠普	美国	计算机办公设备	114，552
27	意昂	德国	能源	113，849
28	伯克希尔哈撒韦	美国	保险	112，493

续表

排名	中文常用名称	总部所在地	主要业务	营业收入（百万美元）
29	法国燃气一苏伊士集团	法国	公用事业	111，069
30	戴姆勒	德国	汽车	109，700
31	日本电报电话	日本	电信	109，656
32	三星电子	韩国	电子、电气设备	108，927
33	花旗集团	美国	银行	108，785
34	麦克森	美国	保健品批发	108，702
35	韦里孙通讯	美国	电信	107，808
36	农业信贷银行	法国	银行	106，538
37	西班牙国际银行	西班牙	银行	106，345
38	通用汽车	美国	汽车	104，589
39	汇丰控股	英国	银行	103，736
40	西门子	德国	电子、电气设备	103，605
41	美国国际集团	美国	保险	103，189
42	莱斯银行（劳埃德银行）	英国	银行	102，967
43	卡地纳健康	美国	保健品批发	99，613
44	雀巢	瑞士	食品	99，114
45	CVS Caremark	美国	食品、药品店	98，729
46	富国银行	美国	银行	98，636
47	日立	日本	电子、电器设备	96，593
48	国际商用机器	美国	信息技术服务	95，758
49	Dexia Group	比利时	银行	95，144
50	俄罗斯天然气工业	俄罗斯	能源	94，472

（来自：财富中文网）

在列表中，我们可以看出，中国企业在世界重要企业中所占的数量比例和收入比重；同时，无论是在品牌、产品、质量、信誉、服务和创新等各方面，不用说在世界前50强，即使在整个的世界前500强名单中，中国企业的现状与世界先进国家企业相比，其在诸多方面都存在巨大差异，这非常值得我们每一个企业与个人深刻反思。

下面再看一组数据：

2010年4月15日，据彭博社报道，《财富》杂志于本周公布了最新一期美国500强企业榜单。《财富》美国500强前20强榜单：

排名	公 司	营业收入（百万美元）	利润（百万美元）
1	沃尔玛（Wal－Mart Stores）	408，214.0	14，335.0
2	埃克森美孚（Exxon Mobil）	284，650.0	19，280.0
3	雪佛龙（Chevron）	163，527.0	10，483.0
4	通用电气（General Electric）	156，779.0	11，025.0
5	美国银行（Bank of America Corp.）	150，450.0	6，276.0
6	康菲石油（ConocoPhillips）	139，515.0	4，858.0
7	美国电话电报公司（AT&T）	123，018.0	12，535.0
8	福特汽车（Ford Motor）	118，308.0	2，717.0
9	摩根大通（J.P. Morgan Chase & Co.）	115，632.0	11，728.0
10	惠普（Hewlett－Packard）	114，552.0	7，660.0
11	伯克希尔·哈撒韦公司（Berkshire Hathaway）	112，493.0	8，055.0
12	花旗（Citigroup）	108，785.0	－1，606.0
13	弗莱森电讯（Verizon Communications）	107，808.0	3，651.0
14	麦克森（McKesson）	106，632.0	823.0
15	通用汽车（General Motors）	104，589.0	N.A.
16	美国国际集团（American International Group）	103，189.0	－10，949.0
17	卡地纳健康（Cardinal Health）	99，612.9	1，151.6
18	美国CVS（CVS Caremark）	98，729.0	3，696.0
19	富国银行（Wells Fargo）	98，636.0	12，275.0
20	IBM公司（International Business Machines）	95，758.0	13，425.0

2010年7月13日，《财富》中文版和新华社联合在中国首次发布了“中国上市公司500强排行榜”。《财富》中国500强前20强榜单：

排名	公司名称	收入（百万元）	净利润（百万元）
1	中国石油化工股份有限公司	1，345，052.00	61290.00
2	中国石油天然气股份有限公司	1，019，275.00	103173.00
3	中国移动有限公司	452，103.00	115166.00
4	中国铁建股份有限公司	355，520.77	6599.07
5	中国中铁股份有限公司	346，367.96	6886.95
6	中国人寿保险股份有限公司	342，026.00	32881.00
7	中国工商银行股份有限公司	309，454.00	128599.00
8	中国建设银行股份有限公司	267，184.00	106756.00
9	中国建筑股份有限公司	260，379.64	5729.80
10	中国银行股份有限公司	232，198.00	80819.00
11	中国交通建设股份有限公司－H股	226，920.00	7200.00
12	中国电信股份有限公司－H股	209，370.00	14422.00
13	中国冶金科工股份有限公司	165，294.62	4232.33
14	中国联合通信股份有限公司	158，368.82	3137.02
15	宝山钢铁股份有限公司	148，525.27	5816.23
16	中国平安保险（集团）股份有限公司	147，835.00	13883.00
17	上海汽车集团股份有限公司	139，635.76	6591.93
18	中国神华能源股份有限公司	121，312.00	30276.00
19	中国人民财产保险股份有限公司－H股	119，771.00	1783.00
20	联想集团有限公司	113，369.37	883.26

（来自：财富中文网　北方网）

由此，从公司主题类别，以及将人民币和美元经过换算后，我们可以对比一下美国与中国企业的发展。对比和分析，不是只看到自身的落后和差距，它是一种刹那间的顿悟警醒和从心底深处激发出的精神力量。从一定程度上来说，这种切实的数据对比和分析，恰是让我们都能够更好地认识到差距；并且，让我们能够更好地相互激励、学习。进而，鞭策我们奋力迎头赶上，并不断自我审察觉醒，以向着世界更先进、更高端的水平去努力前进、发展和超越！

同时，我们还可以看到另外一组数据列表和参考分析：

2010年4月21日，美国《福布斯》杂志公布了2010年全球企业排行榜，该排名是根据企业的收益、资产、股票市值等进行综合评估后而得出的。

福布斯全球公司2000强排名前十位分别是：

全球排名	公司	国家	行业	销量（$ bil）	利润（$ bil）	资产（$ bil）	市值（$ bil）
1	摩根大通	United States	Banking	115.63	11.65	2，031.99	166.19
2	通用电气	United States	Conglomerates	156.78	11.03	781.82	169.65
3	美国银行	United States	Banking	150.45	6.28	2，223.30	167.63
4	埃克森美孚	United States	Oil & Gas Operations	275.56	19.28	233.32	308.77
5	工商银行	China	Banking	71.86	16.27	1，428.46	242.23
6	西班牙国际银行	Spain	Banking	109.57	12.34	1，438.68	107.12
7	富国银行	United States	Banking	98.64	12.28	1，243.65	141.69
8	汇丰控股	United Kingdom	Banking	103.74	5.83	2，355.83	178.27
9	荷兰皇家壳牌	Netherlands	Oil & Gas Operations	278.19	12.52	287.64	168.63
10	BP（英国石油公司）	United Kingdom	Oil & Gas Operations	239.27	16.58	235.45	167.13

（来自：网易）

这里，我们同样可以看出，尽管世界研究机构的排名类型和依据的主题内容各有不同，但无论是在同一类别，还是在其他综合的对比和分析中，无论是在国企，亦或是在民企或私企——这些世界上最活跃的群体和经济发展中最先进、最强大的动力中，我们都可以非常清楚地看到，中国企业在未来的发展中，都还要不断地夯实基础，把握核心，在综合实力和核心竞争力上向世界领先水平迈进。

再次，从以上所有数据列表和分析中，或许我们也已经看到，中国经济的发展，无论是在基础领域还是在高端领域，我们在世界范围内还相对落后，同世界最先进国家或地区相比在各种层次、技能、素质和水平还存在整体差距。总而言之，这样的客观现实，是比较严峻的。

推而广之，再拿出一整个10年，甚至20年的各种客观科学的研究报告和综合列表分析，可以看到，在最基本的衣、食、住、行、用等各个领域，第一、第二、第三大产业和新兴高新产业的发展等各个方面，中国与世界的差比，中国与全球最先进国家或地区的距离。也许我们可以乐观地说："我们一直在努力，我们也一直在进步"；但永远不可忽略的一点是，待我们真正仔细深入地去探讨和分析完这些数据之后，我们便可以很清楚而透彻地知道：中国同世界上的诸多强国对比中，所处的到底是一种怎样的地位？更有经济、科技、教育、文化、政治、思想，这些最核心和最根本点，中国和世界到底存在怎样的距离？这些都需要我们理性的思考和认识。

中国拥有着庞大的人口基数，是托着巨大的身躯去前进和发展。而且还有在高端成熟企业和高素质人才的培养方面存在差距，以及程序公正设计和第三方客观评价体系的不完善。甚至世界诺贝尔奖和创新思维教育在中国也遭遇到了前所未有的艰难和挑战，这些都是我们最客观的事实和现状。

鉴于此，中国真的能够崛起吗？中国真的能够实现复兴进而成为强国吗？中国真的可以引领世界和未来吗？最重要的是，中国自强的核心和根本又在哪里呢？这些拷问时刻困扰着中国，也时刻在困扰着我们正奋力前行与发展的国内外企业和每一个团体、个人。

实际上，作为"世界工厂"的中国，我们所生产的多是原料型和资源型产品，真正的高科技和复合型产品，比例确实较低，处在世界商业链的底端。中国虽拥有前文所说那些荣誉头衔，然而事实上，是以高能耗，低利用，大排放，牺牲大量资源，以及动用大量廉价劳动力超负荷劳动，付出极大的心血和汗水为代价换来的。长此以往，人何以堪，国何以堪？资源何以堪？我们又如何实现可持续发展呢？

中国的经济发展方式需要转变，中国的经济结构需要调整，那么，中国的人才呢？中国的世界级实力企业呢？更有中国的高端人才和众多的企业，以及整个的思想调整和适应方式转变了吗？中国最具竞争力的东西在哪呢？

据有关资料统计和报道，中国目前大部分的产品属于模仿或复制，难见真正的创新和创造。这一点，我想大家都知道。对比上述的列表和数据分析，这一刻，或许我们更加明白，在中国自身和世界的发展中，我们的最大特色和优势是什么？我们最欠缺的是什么？在未来更高端的竞争中，应该怎样实现突破和超越？

这是我们前进发展的根本，这更是决定我们每个人、企业、社会、团体和整个国家发展的极为关键性因素。这一刻，我们应深入学习和反思，更应把这一点提升到重中之重的高度来认识和反省！

我们坚信，学习和模仿是我们成长的第一步，也是我们整个人类赖以生存和发展的前提。但随着成长和发展，待渡过生存发育期，就该走向外部世界，勇敢承担责任和风险，应对一切困难、挫折，欢乐、愉悦和挑战。当别人都纷纷张开怀抱以强烈的势头开始行动时，你还能那样无忧无虑、自由自在地生活在母亲的襁褓中吗？你还能以成年的身份永远生活在母亲温情的照料下吗？

我们常说，温室的花朵，经不起风浪，也注定难以真正茁壮成长。在母亲细心地照料下，我们能够更好地吸收阳光和滋润成长，那么待整个发育积累期已过，待你即将奔向世界，即将接受新的洗礼和考验，你想好怎么去应对了吗？你想好怎么去发展了吗？你做好准备了吗？（是否真的能够非常坚定而自信地喊出："让暴风雨来得更猛烈些吧"？）

如果，之前整个中国的发展史是在艰苦奋斗，自力更生，不断学习、模仿、借鉴和成长的话，那么，自2001年中国正式加入世界贸易组织（WTO）后，可以说已经经历一段洗礼和磨炼，这其中的挑战和考验，在整个的过程中，可以说给了我们足够多的积累和成长养分。

而今，面对这样一个新的时代，世界经济越来越一体化，中国的发展也越来越国际化，全球化的趋势更是越来越加明朗。

那么——

我们拿什么自立于世界？

我们凭什么和别人竞争？

我们赖以生存和发展的根基受到强烈的冲击后会变得怎样？

我们的企业与个人最根本的发展点在哪里？

我们具有哪些最大的特色和优势？

我们怎样去赢得未来？

中国的未来和趋势在哪里？

世界的未来和趋势在哪里？

深思之，我们不禁更是这样觉醒和反问：

是的，难道我们不能勇敢地去搏击风浪吗？

难道我们的企业和个人经不起风雨吗？

难道我们永远要依靠牺牲更多日益匮乏的资源和付出大量的廉价劳动力来维持生存发展吗？

难道我们不想看到在世界上拥有更多、更伟大的中国企业和个人吗？

难道中国真的不能引领时代和创新创造吗？"

那为什么呢?

中国人的聪明和智慧在哪里呢?

中国人敏锐而又好奇的触点又在何方呢?

中国五千年搏大而精深的厚重积淀又启发了我们什么呢?

中国的创造，到底在哪里呢?

中国创造，今天，我们能吗?

中国创造·动力

自立自强，作为中华民族精神的核心，已经深深植入每一个人的骨髓和血液。家国天下，牵系着全世界中华儿女的心，永远将大家凝聚在一起。同时，志在四方、坚苦卓绝、智慧勇敢、积极进取，这些都是中华儿女生生不息的奋斗力量；更是历史赋予我们立足未来的坚实根基；同时，也是我们激发自身潜能和引领时代不断创新创造的根本动力。

自立，乃生存之前提；自强，即发展之根本！“士不可不弘毅，任重而道远”，古今中外，无论是社会、企业，还是个人，乃至国家，莫不如此。

没有高瞻远瞩，无以成大业；没有坚定信念，无以成英雄。“为有牺牲多壮志，敢教日月换新天”，“不到长城非好汉，屈指行程二万”。这个时代需要我们按照人类的需要和心声而激情勇敢地去创造，这个世界也永远属于那些永怀梦想和热情的人来创造。

无有探索和实践，难以见真知；无有远大理想和抱负，难以见行动；无有真知和行动，更是难以见伟大奇迹和美好梦想的实现。

自立自强，国家之本！创新创造，中国动力！

今天，中国创造，乃更是社会动力，企业动力，全球动力，也更是我们每一个中国人未来发展的强大动力。

于是，今天，

我有一个期待，

期待有一天，通过中国人民的勤劳和勇敢，能够改变这个世界那些饥荒和落后的容颜！

我有一个期待，

期待有一天，通过中国的智慧和努力，能够和全世界一起分享地球上最美的大海和蓝天！

我有一个期待，

期待有一天，中国能够带给这个世界更多的惊喜和奇迹！

我有一个期待，

期待有一天，让中国的爱与友善、自然与和谐之阳光，洒满整个大地。

我更有一个期待，

期待有一天，中国创造，能够像所有伟大的创造一样，造福我们整个人类，带给人们最恒久、最普遍的价值真理！

这就是我们的期待，我们深深地期待着，期待着——中国创造，引领时代！期待着——中国创造，改变世界！我们更是深深而坚定地期待着——中国创造，发挥潜能智力，凝聚全球合力，真正成就未来中国与世界强大动力！

中国创造　全球战略

Created in China　Global Strategy

号角吹响　坚定起航

把握全球战略　抓住关键核心　赢得先机　主动出击

中国创造 全球战略·思想先行

这是一个全球化的时代！

这是一个用智慧和行动铸就卓越非凡的时代！

这个时代，需要一种力量，需要一种强大的创造的力量！

这个时代，需要一种眼光，需要一种坚定的战略的眼光！

这个时代，更需要探索与践行，需要用一种超强的内在实力与厚重的外在影响共同见证！

这是一个重要的战略机遇期！

我们这个时代和世界需要我们把握这一关键与核心！

中国需要新时代新的思想，中国需要思考。此刻，起航的号角已经吹响！

像黎明前的霞光，陡然划破夜空，以阳光的普照，开启了每一个全新的旅程。思想的力量，往往即是如此，如火山刹那间爆发的威力，顿时猛烈冲击、碰撞并狠狠敲开人们沉思已久的心门，顷刻间，让人即可感到柳暗花明，海阔天空。

思想先行的魅力，或许即在于此。深刻而内涵丰富的哲学原理，早已明确告诉我们，经济基础，决定上层建筑，而上层建筑又可以反作用并引导经济基础，一如理想源于现实，而又高于现实，同时，亦可指导现实。类似DNA基因排序状，各环节紧密链接在一起，螺旋向上，从而形成一个完整的有机体。思想的指导，亦是如此——源于实践，高于实践，并指导实践。

唯有思想和眼界开阔，方可见新天地；唯有战略和机遇把握，方可成大气候。

思想先行，即要深思。

伟大的改革开放思想的提出，是一种怎样的创举！又凝聚了多少人的心血，而至今，它所绽放出的光芒，让人们没有理由不相信，这是一个奇迹，这更是一个真理！

回顾中国艰苦创业的历史发展进程——

从毛泽东站在天安门城楼上，以响亮而又坚定有力的声音喊出那一句："中华人民共和国，中央人民政府从此成立了！"

到邓小平斩钉截铁的提出："科学技术是第一生产力""发展才是硬道理""实行改革开放""走自己的道路，建设有中国特色的社会主义"！

再到江泽民掷地有声地说："创新，是一个民族进步的灵魂，是一个国家兴旺发达的不竭动力！当今世界的竞争，归根到底，是综合国力的竞争，实质则是知识总量、人才素质和科技质量的竞争！一定要始终代表中国先进生产力的发展要求，代表中国先进文化的前进方向，代表中国最广大人民的根本利益！"

直至胡锦涛以极其震撼而强有力的声音喊出：任何困难都难不倒英雄的中国人民！同时，高瞻远瞩地提出："坚持科学发展观——坚持以人为本，树立全面、协调、可持续的发展观，促进经济社会和人的全面发展；构建社会主义和谐社会；"与此同时，也站在世界的高度，提出："推动不同文明友好相处、平等对话、发展繁荣，共同构建一个和谐世界！"

仔细思量、体悟与分析，同时，自我借鉴与反省，想想这些伟大的构思是怎样一种思想，又是怎样一种真理性的力量！今天屹立于世界的中国，就是一个最强的明证。

学贯中西，通晓古今，我们方可洞明事理。一如人生谦逊以向学，自强兼厚德，让我们更懂得"容""融""和"。可以说，上述这些思想凝聚了人类最宝贵的智慧结晶，是几代人民呕心沥血、同甘共苦、坚苦卓绝奋斗的深刻成果总结，同时它也更是一种深入灵魂的力量，恰似那开启世界智慧的最美的阳光，引领着整个中国的发展和前进方向。

站在今天，把握未来发展的趋势、方向，我们看到，中国需要以更强的战斗精神去迎接一个新的世界，一个新的天地！

战略要三思：一思战略眼光，二思战略定位，三思战略共识。所谓："兵马未动，粮草先行"，谋定而后动，战略三思，说的即是如此。

面对一个新的里程，面对即将开创的一片全新的天地，外面的世界是一个宽阔而广大的舞台。

中国需要学习！

中国更需要做足内外的实力！

这一刻，

我们需要战斗的精神！

我们需要创造的力量！

我们也更需要这种引领世界的思想与光芒！

在战略三思中，眼光是前提，定位是根基，共识与规划、行动是动力。那么，中国能否开启这样一个拥有巨大动力的引擎？中国又能否驾驭好这样一艘具有强大动力的巨舰亦或神州飞艇，去乘风破浪，翱翔太空？其实，我们每一个人需要深入思考和脚踏实地勇敢行动的还有很多很多。

中国人从不乏智慧，也不缺聪明。假如中国哪一天能够更好地启动并驾驭好这艘拥有巨大动力的舰艇，达到类似奥运精神"更高、更快、更强"和更科学合理的创新创造程度，试想一下，那时的中国将是一种怎样的情势？那时的人民将是一种怎样的状态？

顺向思考，看一看世界三次工业革命浪潮，是哪些国家和地区，取得了飞速的发展和进步，并改变了世界的面貌。我们暂且不说那些破坏性的后果，就整体而言，这三次工业革命主要方面所带给整个人类与世界的改观和影响，当我们用心去探索、去分析，我们马上即可见证其中的动力和力量。

中国目前作为“世界工厂”，其实质是，到目前为止，还没有几家称得上是真正意义上的世界超级工厂或企业。所以，中国从一定程度上来说，还不能称为真正意义上的“世界工厂”。中国的创新和创造，更是还远远落后于世界主要发达国家水平，这是一个事实，我们必须清醒地认识，也必须勇敢地去面对。试想当世界都以完全自由的方式连在一起，当世界市场似强大的洪流汹涌而来，中国能否经受住冲击和洗礼？当你的内心这样清醒地去思索和探讨，我想肯定会找到自己的答案。

我们常说：“居安思危”，先哲孟子也不止一遍的传知我们后人：“生于忧患，死于安乐！”我想这不是“危言耸听”，他的话在今天依然时刻激励并鞭策着我们：牢记清醒和使命！把握好方向，完善准备，奋勇前行！在此，也想借用范仲淹的一句名言共勉：“先天下之忧而忧，后天下之乐而乐”。如此，方可成就真正自强之中国，真正改造世界之力量！

从中国制造，到中国智造，再到中国创造，我们何时能够这样做到？那么，以彻底的、严格的、科学的标准体系和意义来讲，从真正的“Made in China”到真正的“Created in China”，我们还有多长的路要走？同时，在奔跑的过程中，我们的特色核心呢，我们能否开创好我们的根基呢？我们的支柱，我们的愿景和未来呢？我们又能否更强有力地去认清并把握？

这一点，我想我们应该明了。

这一点，我也坚信，对我们的企业、团体机构和我们每一个人都尤为重要！

中国创造 全球战略·“C”之征程

作为一支新兴力量，国际社会和全世界对中国这个庞大的新兴经济体表现出了浓厚的兴趣，且纷纷投来目光。中国，开始受到世界更多的瞩目！

这也让一向比较内敛和喜欢沉稳的中国人，多少有一些别样的感觉，有高兴，有自信，有担忧，也有反省。总之，就像全世界对中国的看法，纷繁复杂，多种多样，但就中国自身，最根本的特点仍然是：永远爱好和平，注重发展，为美好生活与未来努力不止。

这是这个民族的性格特征，也是这个国度独特的人文。这个国家所创造的一个又一个成绩，都深深地引起了世界的好奇。加之近年来，中国在国际舞台上的卓越表现，信守承诺的良好形象，沉稳而务实的风格，积极而正确的处事原则，尤其是国内经济实力的快速发展，这些都让国外刮目相看，从而，为自己营造了良好的外部发展环境。

所以有国际媒体评论，世界关注中国，乃势之所趋。而在中国国内——

2008年，中国汶川发生里氏8.0级大地震，这一天5月12日14时28分04秒，永远让每一个国人铭记！刹那间，强烈震颤，地动山摇，大地开裂，顷刻一切化为废墟，留下的仅是满目疮痍和生离死别，还有那撕心裂肺的凄惨哭喊。西南处，国有殇，就在那一刻，就在第一时间，我们的国家领导人不顾震后危险迅速赶赴现场，全力指导抗震救灾；我们的人民子弟兵，立即进入战斗状态，更是立下生死状，誓志奔赴最前线；全国人民万众一心，共赴国难，化巨大悲痛为力量；这一刻，中国人民达到空前的团结和热情高涨，他们纷纷大力捐钱捐物，支援抗震第一线，并且帮助恢复灾后重建。5 月 19 日至 21 日，定为全国哀悼日，举国上下和驻外机构全部降半旗，鸣笛致哀，全国停止一切公共娱乐活动，为汶川大地震中不幸遇难的数万同胞表达深切哀悼。

“多难兴邦”，“只要有一线希望，就尽百倍的努力”，“人民生命，高于一切”，“任何困难都难不倒英雄的中国人民”！此时，国家与人民如钢铁般的长城紧密连在一起；这一刻，所有人抚胸感动；这一刻，世界为之动容。

同样，2008 年，第 29 届奥林匹克运动会，8 月盛夏在中国首都北京成功举办。对于这一届奥运会的组织主办，国际奥委会主席罗格评价为：“无与伦比”！此次盛会，中国共夺取奥运金牌，51 枚，远高出美国的 36 枚，位居世界第一；奖牌总数也达到了 100 枚，位列世界第二；同时，海外媒体评论称，中国志愿者的卓越表现，在赛事之外收获了“另外一枚金灿灿的金牌”。伟大的奥林匹克精神，也在这一年，深深地铭刻于每一个国人的心中。

2009 年，全世界受到源自美国金融风暴的严重冲击，面对经济危机，中国力提“信心”的口号，并率先拿出“四万亿投资计划”，刺激经济，扩大内需。这一年，在全球经济极其困难的情况下，中国经济却逆势增长，实现“保八”目标，增速达 8.7%。同样这一年，10 月 1 日，建国 60 周年国庆阅兵式，在天安门广场隆重举行，那盛大、庄严而威武的场面，时时震撼着人们的心灵，也让国人油然产生一种无比的自尊和自豪！

这一年，在中国，信心成黄金！

第41届世界博览会，一场被誉为世界经济、科技、文化的“奥林匹克”盛会，为期184天，2010年5月1日在中国上海隆重拉开帷幕。此次世博会，开创了多项世界之最。尤以246个国家和国际组织参展，其中189个国家，57个国际组织确认参展，从而轻松打破纪录，改写了历届世博会国际参展方数量的历史。值得一提的是，这次世博会是首次在发展中国家举办。世博园中利用现代高科技和独特创意，所展现出的魔幻景象、色彩与文化，让世人无不惊奇，无不为之震撼。这一刻，世界在中国，中国看世界！

这由内而外的积淀和历练所展现的信心，这经过磨砺和挑战所体现的品格，无不深刻地奠定了中国发展的根基，激发了不断超越的力量。

世界需要中国，这个世界也期待中国！

那么，中国，能否成就世界？中国，能否挽救世界？面对新形势，中国该怎样融入世界？中国，能给自己和世界带来什么？中国自身又该如何思考？

全新的时代，中国能否创造更大的奇迹和更美好的未来？

面对这新的前景，中国该如何回答？中国又能否引领和奔赴世界的前程？我们是否真的能够做到？世界是一体的，未来的发展靠什么？

唯有一种伟大而强有力的新生，方可彻底改变思维的不足与局限；唯有一种超强而非凡的行动，方可成就人类与世界更美更好的未来和天空。

那就是“创造”！

于是，今天，在中国，我们更强调并坚定支持：中国创造！这是我们完善自身和成就未来的需要。

同样，今天，为世界，我们也更期盼并坚决倡导：中国创造！这是中国贡献世界，更是引领全球共同创造、全世界共同建设人类地球美好家园的需要。

中国，China！一个响亮的声音！

创造，Create！一种伟大的力量！

Created in China！中国创造！一种带给中国与人类世界的强大动力，一种响彻宇宙的召唤！

这一刻，中国“C”，已踏上征程！

这一刻，中国，必将给全世界带来最强的动力火种和无限的智慧潜能！

金戈铁马，挥鞭而起。这一刻，请相信世界，相信中国，“C”之征程，必将坚定而胜利前行！

第一版块

高瞻远瞩，全球布局；战略规划，把握方向

得趋势者得天下，赢趋势者赢未来！以独特视野和眼光，战略布控，顺势而成！“中国与中国创造”乃当今世界势之所趋，时代之主题！

| 时代呼唤 Call

中国，已经迎来一个全新的时代。创造，是我们这个时代的呼唤。

中国创造，全球战略；自强不息，奋斗不止！这就是我们这个时代的最强音！

在历史的进程中，改革开放的伟大创举，已经给我们树立了最强的思想先导。

2002年，在对国内国际形势作了深刻、冷静、客观的分析之后，江泽民在“5·31”重要讲话和中共十六大报告中均明确提出：“综观全局，21世纪头二十年，对我国来说，是一个必须紧紧抓住并且可以大有作为的重要战略机遇期。”

这个重要的战略机遇期，我们必须高度重视，必须紧紧抓住，丝毫也不能放松，因为这确实是关乎中国历史命运，关乎社会、企业、个人，关乎中国能否更好地走向世界，走向未来的一个极为关键的时期。

2006年，胡锦涛在1月9日的全国科技大会上，宣布中国未来15年科技发展的目标是：“2020年建成创新型国家，使科技发展成为经济社会发展的有力支撑。中国科技创新的基本指标是，到2020年，经济增长的科技进步贡献率要从39%提高到60%以上，全社会的研发投入占GDP比重要从1.35%提高的2.5%。”

同年，在党的十七大报告中，全文更是56处使用了“创新”二字，更有 14 处提到了“创造”二字。报告明确提出，“中国特色社会主义事业是改革创新的事业”“实践永无止境，创新永无止境”。提高自主创新能力，建设创新型国家。这是国家发展战略的核心，是提高综合国力的关键。要坚持走中国特色自主创新道路，把增强自主创新能力贯彻到现代化建设各个方面。认真落实国家中长期科学和技术发展规划纲要，加大对自主创新投入，着力突破制约经济社会发展的关键技术。

同时强调，加快建设国家创新体系，支持基础研究、前沿技术研究、社会公益性技术研究。实施知识产权战略。充分利用国际科技资源。进一步营造鼓励创新的环境，培养造就世界一流科学家和科技领军人才，使创新智慧竞相迸发、创新人才大量涌现。

2008 年，北京借举办奥运会之机，更是迎来一股强大的创新风潮，奥运会吉祥物“福娃”，奥运会会徽“舞动的北京”中国印，奥运会火炬“祥云火炬”，奥运会奖牌“金镶玉”，这些创意与设计无不鲜明地体现着中国特色与智慧文化。同时，“绿色奥运，科技奥运，人文奥运”的理念与“Higher，Faster，Stronger”的奥运精神更是深刻注入了每一个中国人的灵魂，极大地改变了中国人的精神面貌。“One World，One Dream”，这“同一个世界，同一个梦想”的口号，更是激励着中国在这一年，创造了一个又一个“冠军”与“金牌”世界纪录。

2010 年，中国再次发轫，在上海成功举办世博会，这一刻，全世界最先进的科技创新与文化创意更是齐聚中国。中国也借机向世界全力展示自己无限的创新创造潜能与活力。“Better City，Better Life”这个“城市，让生活更美好”的主题，更是凝聚全球智慧，引领中国与上海，刷新多项世界之最，创造了一个个完美与经典的奇迹。

中国未来的目标，是由“世界工厂”变成“世界创新实验室”，这是一个伟大的构思和愿景，这一点，除科技与新思想成果有待加强外，中国在政治、经济、文化和人力资源方面，都具有无可比拟的潜在优势。新的时代，中国提出激发全社会创造活力，建设创新型国家，构建学习型社会，乃势之所趋，真理之必然。

今天，中国与中国创造，必将引领这个时代的主题！中国创造，全球战略，这就是此刻人们心底无比强烈的心声，是这个时代最强的呼唤！

思想创造价值，理念改变行动。思想一改变，行动马上就会改变。这也恰似这个时代的中国，于国内和世界，正着力寻求改变。

哲学的基本原理一再深刻地告诉我们，事物是运动、变化和发展的，这是一个亘古不变的事实，也是这个世界最恒久的真理。这个世界，无时无刻不在发生着变化。时光如梭，斗转星移，宇宙万物进化，历史发展变迁，世界上，唯一不变的，就是“变”本身。

仔细研读世界历史与大国崛起的变更后，你更会别有一番体味。历史的潮流总是不断地推动着人类社会的前进，而人类社会每勇敢地迈出一步，都要付出极大的代价。这也正是中国以及世界之前时期所经历的一切磨砺与积淀的缩影。但是，在所有人类与世界历史的滚滚大潮中，人们思想的革新，却几乎从未停止过，而每到新的一个阶段，都会引导一个新的浪潮。

张开怀抱，迎接这个时代的变化；敞开胸怀，笑纳整个世界的智慧与文化！这个时代的中国需要这样，这个时代的世界更需要这样。面对这个全新的世界与未来，中国需要激发无限的潜能、热情与活力。我们需要学习，需要创造，需要改变！

2010年5月10日，美国《商业周刊》网站的一篇报道，题为——《中国：还不是一个超级大国》。这是事实，同时，也道出并澄清了世界对中国的各种看法。文章中指出，不管你生活在世界哪个地方，不管涉及哪个行业，你都必须考虑到中国的崛起！中国经济的大力发展，使得中国在帮助其他国家和世界摆脱金融危机的能力方面，发挥着比深受经济困扰的美国更大的影响力。但中国仍然有许多穷人，其医疗卫生和社会保障体系仍然落后于其他不少国家。尽管人们从皮尤研究中心公布的数据中可以清楚地看出，86%的中国人支持政府，尽管创立孔子学院和让人眼花缭乱的中国杂技表演给人以希望，但同样显而易见的是，中国在某些方面的表现尚不如其他国家好，比如一些国际人士在货币政策问题上对中国的无端攻击，这也恰恰表明，中国不应仅关注经济，中国亟须提高自己的软实力，也急需推动自己在国际上的认知度。

与此同时，中国仍需要做更多的事情来推动自己的国际品牌，而且还需要克服教育体系中的一些重要缺陷，而不至于出现众多在华跨国企业的共同担忧之一——招聘不到可胜任工作的、具有才智和技能的中国员工，从而发出“在一个拥有13亿人的国家，物色有才华的人不应该如此之难”的感叹。

中国应该具有创新精神！

新的时代，中国已经为建立自己全球大国的地位迈开大步，但要真正成为一个超级大国并保持这种地位，中国仍需要对内在尤其是对外部世界展示自己形象方面作出更大的努力。或许更为重要的是，它需要改革自己的教育制度，以提高国内员工的能力，在中国从一个制造业基地向研发中心和以服务业为基础的经济体转变时，建立一支真正具有创新精神的劳动力队伍！

这是一个客观的事实，也更是一个十分客观的描述；它的分析与思考，一语中的，深深地刺激并震撼着我们的心灵。

中国的创新精神在哪里？

中国的智慧在哪里？

中国该如何创造？

中国在未来的道路上又该如何去做？

据最新统计，在世界公认的创新型国家中，其中尤以美国和日本最为典型，这些国家的共同特征是：创新综合指数明显高于其他国家，科技进步贡献率在70%以上；国家的创新研发投入即R&D（研究与开发）占GDP的比例一般在2%以上；而对外技术依存度指标一般在30%以下，自主创新能力非常强；同时，创新产出非常高，在目前全世界公认的20个左右的创新型国家中，他们所拥有的发明专利数，占全世界总数的99%。并且，这些国家相关创新投入与产出这样一个从一定意义上来衡量一个国家创新程度的指标也非常高。通常，在世界范围内，是否拥有高效的国家创新体系，是区分创新型国家与非创新型国家的主要标志。

与以上相比，中国无论在创新指数还是创新体系方面都还远远落后于世界先进国家，中国的差距还很大很大。甚至与最高端和最超强实力的美国相比，中国还远远落后的不止一个档次。想一想，面对此种情形，在未来世界的高速发展和激烈竞争中，中国将会是怎样的一种境况？

另据联合国的一项最新报告指出，虽然中国的经济实力在不断增强，但在全球看，绝大部分财富主要集中在北美、欧洲和一些富裕亚太国家如日本和澳大利亚，这些国家占有世界90%的财富。而中国，在全球财富中的份额仅有2.6%，更不用说中国在世界财富中的实际人均份值，面对这样一组数据，中国在世界一体化的庞大洪流中，我们又该作何感想？

不错，可能我们会说，学习与模仿是我们成长发展的第一步和关键。但一味地模仿与复制，一味地“死搬硬套”或“乔装打扮”，甚至一味地盲目“自欺”或“虚妄”无知，将注定不会真正的自立、自强！我们也注定不能真正抓住世界的核心与根本，更不用说在未来能够真正地科学发展和把握先机。

作为世界上最大的发展中国家，此刻，我们也不禁要再次反省，再次追问：

中国的核心技术呢？

中国的核心竞争力呢？

中国的自主创新呢？

中国未来真正的发展潜力呢？

这一切，对今天的中国，我们又该如何去主动把握，赢得先机呢？

唯有理念革新，唯有创造，唯有改变！

自我挑战 Challenge

作为新时代和全新世界的主题，中国与中国创造，都需要不断自我挑战！

挑战源于强烈的内心需求，源于时代的呼唤，更源于一种寻求突破局限的自我改变。挑战无时不在，无处不有。恰如矛盾的哲学原理一样，矛盾与挑战也时刻相随相伴，更是以此推动着人类社会的不断进步和发展。

哪里有矛盾，哪里就有挑战。哪里有困难，哪里就有解决问题的办法。自我挑战，是一种精神，它赋予我们前行的光芒；自我挑战，更是一种力量，它时刻激励并给予我们希望和梦想！带着这样一种精神和力量，带着这样一种光芒、希望和梦想，加之我们雄厚的实力为根基和桥梁，在未来前行方向的道路上，还有什么艰难，能够将勇敢而无畏的我们阻挡？

中国需要自我挑战，以完善自身；中国创造，更需要自我挑战，以开创未来。我们的企业、社会与我们每一个人莫不如此。离开了自我挑战与这种忧患意识，我们必将如坐以待毙，注定在优胜劣汰的自然法则之下，无法生存，更不用谈发展和壮大。

自我挑战的精神，是我们这个时代所必需的。在当今这个时代，别人永远无法时刻督促并鞭策你，唯有你自己不断自我挑战，并通过不断的实践和历练，激发出你心中无限的潜能力量。这是一个艰苦的探索过程，一如中国改革开放的探索与发展，必将经历多番磨难和洗礼。同时，更需凝聚多方智慧、全面学习和更加理智清醒。然而，自我挑战一旦获得成功，那必将如火山喷发般，立刻点燃无限的激情与活力，激发无限的潜能与希望，从而带来无限可能，成就美好未来，绽放无限灿烂辉煌的光芒！

这就是人类的智慧，人类的潜能，人类的精神力量！

我们敬佩"更高、更快、更强"的奥运精神，我们更敬佩由此带来的奥运冠军式的无限力量。如果说理智的清醒，是为了更好地看清事实与未来，那么精神的力量，更将支撑起我们整个人生道路。

这一点，丝毫不逊色于驰骋厮杀在战场的将兵，并且不断挑战自我和人类极限的奥运冠军，或许更有发言权。

在2004年第28届的雅典奥运会上，110米栏奥运冠军，2006年7月12日，瑞士洛桑田径超级大奖赛男子110米栏的比赛中，更是以12秒88打破了沉睡13年之久，由英国名将科林一杰克逊创造的12秒91世界纪录的刘翔。在冲破底线，身披国旗的那一刻，他发出了如雄狮一般的怒吼，强烈地喊出了一个震撼中国与世界的声音——"谁说黄皮肤不能拿跨栏世界冠军！谁说亚洲人在短距离（田径）项目中没有竞争力？今天我是世界冠军，我要让所有人都看到，我一个黄皮肤的中国人，也能飞起来！"

在2008年第29届北京奥运会上，韩国超级新星朴泰桓在勇夺男子400米自由泳金牌后对记者如是说："我的胜利，打破了（外界）对亚洲人游泳的偏见"！而日本著名选手，有日本"蛙王"之称，更是在奥运会前就预告了自己将打破世界纪录的北岛康介，在 8 月 11 日男子蛙泳 100 米比赛中再次打破世界纪录并且成功卫冕，从而兑现了自己承诺，成为名副其实的“世界蛙王”！

更有世界罕见游泳奇才，美国“游泳神童”迈克尔·菲尔普斯，在 2008 北京奥运会上，一人勇夺八枚金牌，更是打破了多项奥运与世界纪录，在竞争如此激烈、强度要求如此之高的奥运会上，菲尔普斯独揽八金的壮举，不可谓不是一个天大的神奇、一个非凡的奇迹。因此，他这一不可思议的表现被评价为：史诗般的伟大！

由此可见，人类自我挑战的力量，是多么强大。这些奥运冠军的自我挑战精神，又是多么地令人鼓舞，令人由衷地感到敬佩！

其实，挑战的精神，体现在各个方面；而我们创造的活力，也恰恰伴随其左右；就看我们是否能真正体察、发现、觉醒与自我开掘激发。对于国家来说，面临着对外处理各种复杂关系和提升国际影响力，对内调整经济结构、转变经济发展方式、提升企业竞争力、提高国家自主创新，科学发展、繁荣文化、加强学习、构建和谐，加强提升国民素质，增强自身实力和综合国力等问题。这些，都需要自我挑战，更需要创新创造才能妥善解决。对于企业和社会，未来该如何建设、如何竞争？发展的方向在哪里？根基、特色、学习与超越又该怎样结合和把握？对于个人，我们如何提升自己、如何完善自身？我们又如何寻求突破、如何发挥内外潜力成就未来？这些都是挑战，这也正是我们寻求改变、不断激发自我，全力创新创造的强大动力和标杆，它时刻激励、鞭策着我们不断挑战，奋力向前！

正如，伟大的事业孕育伟大的精神，伟大的精神也推动着伟大的事业！在此，我们应以一种开创的胸怀，站在全新的高度，为中华、为未来，自强不息、进取不止！在此借用伟大的载人航天精神：“特别能吃苦，特别能战斗，特别能攻关，特别能奉献”！以之共勉！

创造开发 Create

创造开发，是这个时代和我们每个人都应有的理念。

像牛顿发现万有引力定律，爱因斯坦提出相对论，爱迪生取得约两千项发明，毕达哥拉斯所展现的人类伟大智慧力量一样，我们对这个世界和人类的探索与追求，充满了无限的渴望与向往。

正是基于“Create”这一“创造”的核心理念和未来中国——“China”，能够赢得发展先机的思考，我们喊出了“中国创造”——“Created in China”，这样一个时代的重要主题，一个中国心底的最强音！我们渴望“创造”，渴望“中国创造”，甚至更渴望“全球共同创造”！我们想真正透悟“创造”的根本，我们更想真正理解“创造”的力量！

翻开字典，我们可以看到，“创造”一词，在现代汉语的释义主要是：“发明；一种制造或建造；首先提出或做出；以及创作。”再推而广之，在我们整个世界和人类中，在我们的整个思想文化体系和战略课题研究中，我们坚信：人们永远都离不开这个世界上最伟大的也是人类最强大力量的非凡“创之路”——即创新、创造、创意、创业和创作。我们这个时代，需要这种最无畏、最有力的开创！而今天在此，这里所指的“创造”——Create，除“创之路”之外，更是指全新的“创造开发”，它不仅是指一种创造力启迪与开发，它更是指一种创造的精神和力量。“创造”，作为一种思想、方法和行动方向，必将成为这个时代与世界最为重要的主题，它也必将是我们生存发展的核心依存。与此同时，我们也必须清醒的看到，它也更是最难攻坚且最具特色和魅力的卓越“典范”。

创造，绝非易事，它不是一两句简单的话或动作即可做到。创造需要我们全面、深入、细致的探索、研究和追求，需要我们真正用心、用脑、用知、用智、用行去做。不能深入其中，不能深明其理，而只是浮光掠影，浅尝辄止，那么，便不可能深思熟虑，更不可能得其精髓！真正的创造，它与专注投入的努力与付出是永远分不开的。科学的创造，一如科学的真理，它容不得半点虚假，否则，那种所谓“创造”也必将付出极其沉重的代价。就像二战时希特勒和戈培尔“谎言重复一千遍就成为真理”所创造的神话那样，到最后，注定覆灭且结局无比惨烈的也必将是他们自己，乃至险些毁掉整个地球，给整个人类社会与世界造成了无比巨大的灾难和痛苦。

创造，不是一个毫无根据的主观盲目臆想，尽管有时它也能起到一定作用，但这种情况和真正的想象力是存在一个巨大的差距。创造，是一个完整而科学的体系，它需要建立在一个根基之上，需要结合多个层次、多个方面来完成一个完整的系统。而只有在此基础之上的合理想象，才有可能达成创造。这也正如科学家搞研究发明一样，首先需要确立一个主题，然后在此基础之上广泛地积累、学习和实践，同时加上创造力、想象和实验室的大量数据分析与试验，以及结合客观情况更进一步深入的、多方面的探讨与交流，然后再结合实地检验、完善升华与科学验证，最后才有可能取得这一艰辛的创造成果。这是一套完整的系统步骤和科研方法，它非常值得我们去深入学习和借鉴。

那么，既然创造如此之难，我们为何还要去创造呢？直接“拿来主义”不是更好吗？我想肯定会有一批人马上就会这样问。关于这个问题前文已经多处作答，不再赘言。然而，在这里，需要郑重重申一下，在成长发展的积累阶段，模仿和借鉴先进成果固然重要，但是，在今天这样一个全球日益合作、竞争和共赢的全新时代，这样一个即使日益开放、包容和多元化的时代，如果我们还老是“拿来主义”，不主动开拓进取，这多少有些“不雅”或难登厅堂吧，而且在众多合作与发展伙伴面前自己的感觉又将怎样呢？甚至，再直接一点讲，在这个全新的世界，你拿什么和别人合作与共赢？你自身又拥有什么核心技术和创造价值的潜质？如何在未来世界真正面对并且展开激烈而残酷的竞争局面？

所以，我们需要创造，因为别人都在创造，而且已经创造了很多。我们需要赶快行动，我们需要迎头赶上，我们更需要在未来能够引领和超越！

其实，换一个角度来看，创造，并不像你所想象的那样神秘或可怕，而是我们没有真正认识“创造”的原理和本质，没有真正理解和正确面对“创造”的心态和方法。其实，“创造”，就是一种思想，一种方法，一种精神，一种文化。只是“创造”的过程更复杂，需要我们不断地探索、不断地思考、不断地学习积累、不断地实践历练，更需要我们专注而深入地不断去寻求改变、不断自我挑战！而最后“创造”之树经过这些心血汗水的精心滋养与灌溉，它所结出的果、所盛开的花，必将会如晴空万里之阳光，让人感到无比的甜美而灿烂！就是这样——“难而不难”！这一点，无论对于国家、企业、社会，还是对于我们每一个人，都是极为关键和重要！恰如清代名家彭端淑在《为学》一文中写道：“天下事有难易乎？为之，则难者亦易矣；不为，则易者亦难矣。人之为学有难易乎？学之，则难者亦易矣；不学，则易者亦难矣。……人之立志，顾不如蜀鄙之僧哉？”

确是如此，正因为难，所以更需创造，如此方可独一无二。也正因为难，所以才创造，如此方可攻克难关，进而迈过那道艰难的坎，赢得未来一片天。世上的人大都畏难而退，在风浪和艰难来临，经不起冲击，而你我却由此能够勇敢挺立，乘风破浪、迎难而上，在世界的巨波洪流中，畅游领航，这将是怎样的一种境遇和景况！因为我们在创造，我们在由内而外创造一个坚实的根基，创造一个伟大的奇迹！

创造，从不畏难；创造，也从不避艰。创造，无论对于我们的外在压力和差距，还是对于我们的内在渴望与动力，都是这个时代的中国最强烈的呼唤和需要。

我们能够创造，因为我们力求改变；我们能够创造，因为我们完全可以自我挑战。

引领世界，引领创造！我们坚信：创造开发，必将是未来中国最强大的发展动力；创造开发，也必将给整个中国与世界带来无限活力！这一刻，让我们坚定而勇敢开创中国“创造”之路；这一刻，让我们坚决而有力地创造世界的“中国奇迹”！

第二版块

深刻掌握具体行动方略，多位一体、充分准备、完善改进、主动出击

事实胜于雄辩，行动与成果终见分晓！立足“中国与中国创造”之根基，掌握真理性思想与方向，明确战略规划与精神动力，然后就是实施最为关键的具体行动方略！

确认选择 Choose

这个时代赋予了我们一种前行的力量，我们必须选择！

尽管现在的中国正处在一个飞速发展崛起和不断受到国际社会关注与瞩目的时期，但我们仍然要发出这样的深思：

中国未来的发展会更一帆风顺吗？

中国未来的经济会遇到大的“困局”和“瓶颈”吗？

中国又能否抓住这个重要战略发展机遇和成功转型期呢？

与此同时，从全球范围和长远眼光看，随着国际国内竞争的日趋激烈化、白热化，我们还能否像以前那样依靠大量“廉价劳动力”和更多“心血与汗水”去快速积累与取胜呢？

那么，我们拿什么作为我们立足的根基呢？

我们又具有什么核心竞争优势呢？

在未来世界经济一体化的过程中，中国、企业、社会与我们每一个人该如何能够更快速突破与成功呢？

对此，我们不能不保持一种更加清醒理智的认识与把握；同时，面对这新的时代与未来，我们也不能不时刻反思，从而更加坚定方向，最终确认选择。

越是在快速奔跑与发展的今天，我们就越加应该明确方向和选择。否则，越是奋力前冲，就越容易迷失方向，偏离主题轨道，从而酿成难以把控的局面。所以，我们必须首先明确好方向，确认好选择。

大的方向和战略规划是行动的前提；然后，脚踏实地，确定具体行动方略和实施步骤，科学合理地持续投入与全力战斗则是根基。这是一个完整的系统工程。而“创造”的激情，“创造”的活力，“创造”的精神与动力应坚定如一、贯穿始终。

面对世界与时代新的标准体系，“中国制造”该如何真正牢固把握实力根基？而“中国智造”突破点又在哪里？“中国创造”又该如何引领发展，又该怎样在未来真正制胜？

我们这样追问自己。同时，待大的方向和前提确定之后，随之，开展具体行动。

我们必须确认选择，并作出最好的选择。选择最适合自己未来的发展方向，选择最适合自己的一条道路与特色，选择最强有力的行动和方法。

诚然，选择是艰难的，选择也是痛苦的，而作出一个明智而正确的选择更是异常难得的。

其实，选择，是一门高深的学问，是一个非常值得去深入研究的课题，它包罗万象，包含世界的各个方面，它是一个完整而统一的系统。选择，需要智慧，需要眼光；选择，需要勇气，需要胆略；选择，需要魄力，需要胸怀；选择还需无比敏锐，更需客观真理！

同时，选择，也是一门独特的艺术，一门需要经过历练、需要我们精湛掌握的艺术。诚然，一个正确的选择，将极有利于你下一步的前进和发展；而一个错误的选择，将会使你背道而驰，历尽艰辛而徒劳无功。作为选择，这有类似于“80/20”法则和《易经》中“太极八卦图”所蕴含的“道法自然”的智慧。所以，在面对新时代与未来的选择上，确认好选择，确认一个好的选择，将会对我们的未来产生非凡的影响和效果。

选择，就是这样一门高深的学问，是这样一门独特的艺术，它需要我们睿智，需要我们灵活，更需要我们掌握这种方法和技巧，需要我们综合全局把握。

但另一方面，不管怎样，我们永远不可否认，选择，是艰难的。这是人们内心深处最切实的感受，也是一个实践所得的真知。我们需要从另一个层面去反思借鉴并真正懂得其内涵，以便我们在未来能够作出科学合理而全面的决策方案。

这个世界的运转，人类的存在，还有我们的一生，可以说，都始终会面临很多的选择，有的选择是正确的，有的选择是错误的；有的选择是高尚的，有的选择是卑劣的；有的选择是伟大的，有的选择是渺小的；更多的是有的选择是平稳常态的，有的选择是出奇多彩的。但归根结底：无论做出怎样的选择，无论怎样做出选择，无论选择什么，对于选择本身，选择的过程，选择后的探索而言，都不是一件容易的事情，更不用说最终选择的结果。更何况，选择本身就是一个永无止境的发展的过程，它既可以是一个点，也可以是一条线或面，亦或空间里的一条链。总之，无时无处不选择，并且这次的选择极有可能影响甚至改变下一步或下一次的选择，这些都是需要我们去辩证考量与客观看待的。确是如此，选择之艰辛，毋庸置疑！

事实案例与明证，在此我们只举其二：

一则是，恰如中国一句古话："自古忠孝两难全"，其内涵包含的就是选择的痛苦与艰难。而如果今天非要再对这句话做出一个明确的选择，那么，我想我们中的很多人肯定会做出这样的回答："忠孝两样怎更全!"这是我们这个时代的特色，也是我们这个时代更多人的选择。可尽管如此，但同时我们也不要先提前过于乐观，因为这还是一个带有"问号"的回答，对于这个问题的确认，其实还需要一个自身更深入的思考，同时更进一步地探索。在一定程度上，我们应相信一些先哲所总结的人类的智慧与结晶。当我们在面临新的选择时，那种内心的挣扎与痛苦，那种处境的艰难与不易，依然不可否认。

其二，是关于中国道路的选择。从 1840 年鸦片战争开始，可以说，关于中国走什么样道路的问题，先进的中国人几乎就从未停止过不断地探索与思考！从洪秀全领导的太平天国运动，到康有为、梁启超领导的戊戌变法，再到孙中山领导的辛亥革命，最后以失败告终；从封建统治，到半帝半封建社会，再到新的资本主义，可以说为救亡图存而永远不屈不挠的中国人民一直在苦苦地追寻与思考，艰难地进行着对未来道路的探索与选择。直到俄国十月革命一声枪声，给中国送来了马克思列宁主义。中国的先进分子开始从十月革命的胜利中，清楚地看到了中国新的出路，于是，坚定地选择了社会主义道路。此后，经过中国共产党的不懈战斗探索，把马列主义的普遍真理同中国革命的具体实践相结合，最后，终于为中国人民选择了通过由新民主主义革命走向社会主义的道路。历史，选择了中国共产党，也使中国共产党坚定地选择了为人民的社会主义前进方向和道路。这是历史和人民的共同选择，客观因素决定并成就了这一切。

建国后，关于建设什么样的社会主义，怎样建设社会主义的问题，中国人民又展开了全面的尝试和探索，经过数十年的磨难与考验，经过由计划经济到市场经济的转变，再经过改革开放的积累，中国最终终于确定了选择“走自己的路”——选择了中国特色社会主义道路！这是一个多么艰苦的摸索与历练过程，这又是一个多么伟大、一个充满多少辛酸与艰难的明智决定！站在今天这个角度去看，所有经历的一切，尤其是选择改革开放，走中国特色社会主义道路，对中国与世界未来说，是多么明智而正确的壮举。以致后来，党的建设选择“三个代表”，新时代的发展选择“科学发展观”，今天，中国选择建设创新型国家，这些都是深受伟大思想影响并最终确定选择的智慧结晶与成果。科学合理而明智正确的选择是艰难的，但艰难是我们终可以克服的，待确认好选择并经过艰苦的探索、磨炼与行动积累后，这种选择所收获的结晶与成果也真的是异常巨大而丰硕的。

选择国际化道路，选择中国特色；选择创新创造，选择主动出击、走向世界；这既是我们这个新的时代一种立足自身根基以求自保的新前提方向，也更是一种我们开拓世界与未来的新学习契机和保障！我们必须实事求是，客观辩证去面对；我们也必须一切从实际出发，对具体问题、具体情况作出具体、切实而深入的分析。同时，更要以开阔的视野和胸怀，在这个全新的时代与未来，我们向全世界学习，并刻苦钻研、发奋图强，同时确定选择好方向，选择好道路，选择好行动。即完整全面而科学具体地确认选择。随之，不断完善，切实行动。相信经过如此，无论是国家、社会，还是对于企业和我们每一个人，最终所收获的一切，都远远不止一点；而且最重要的是，经过这种洗礼和磨练，我们最终所掌握的选择的智慧，必将会如真理一样散发出的最耀眼而灿烂的光辉，给整个中国与世界带来无限的动力与欣慰！

充分竞争 Compete

中国与中国创造，需要充分竞争，需要合理竞争，更需要学会竞争！

新的时代，竞争是必然的现状，也是必然的趋势！

我们应理性并辩证地去看待竞争，“适者生存，优胜劣汰”，这本就是自然的生存法则之一。我们不应该只看到“大鱼吃小鱼，小鱼吃虾米”，还有“弱肉强食”的情况。除了这种感性同情之外，我们还应该更清醒理智地看到，竞争有利于挖掘潜力，有利于调动并发挥积极性；竞争有利于激发活力，有利于增强实力；甚至，更高层次的竞争更有利增强多方互动性，更有利于优化整个的资源配置。

诚如一句让人听之即为震撼的话所言：“企业不能赚钱是一种罪恶”！因为你不仅不能奉献税收给国家，反而在浪费社会资源，给国家和人类造成负担。当然，今天理解这句话，并不只是指企业只要赚钱，就不浪费资源，或者只要能赚钱就是最好。我们不可否认，一些企业虽然很能也很会赚钱，但同样，按产能比例计算，他们对资源的浪费，对员工的盘剥，对外在的依赖，甚至对整个社会和世界所构成的损失也将是更大、更为有害！而竞争，就是淘汰这些落后产能的一个法宝，也是优化资源配的一个有力武器，更是提升国家、企业和整个社会与世界的强大发展动力。

充分竞争，可以激发人们的巨大潜力，激发整个社会的“创造”精神和活力；让优秀企业不断成长发展，充分利用好资源，提升超强竞争力和综合实力；让产能落后企业不断淘汰。在此需要强调的是，这里的“优秀”，并不完全等同于“优势”，它是一种更科学完备的理念。

这个时代，国家需要充分竞争，社会需要充分竞争，企业更需要充分竞争，而我们每一个人同样需要更充分有力的竞争。这种充分竞争，是一件好事，也是一种机遇，它有利于我们不断成长、不断改进，不断自我挑战、不断提升超越；同样它更有利于我们不断“创造”，更有利于我们不断发挥并增强自身优势和特长。

与此同时，我们还要合理竞争。竞争不应只考虑片面而更应考虑全面。充分的竞争，是一种强有力的冲击和激发，而合理的竞争，就是一种自然而圆润的磨合与运转。竞争中，我们理应考虑得更加全面，而这种合理的竞争恰是如此。让先进企业带动落后企业，以促进共同前进，共同发展。同时需要照顾公平与正义，需要全盘综合把握，更需要竞争合理有序。如此，竞争方可更加有理、有力，不致因出现矛盾和分歧，从而形成内斗或阻碍下一步的前进和发展。这种情况恰如道路口来往的车辆，如果大家只顾往前冲，不理会红绿灯亮否，不能合理地把握好这个度，那么整条道路出现你冲我撞，拥堵阻塞，甚至大量车祸事故的局面将必然会不可避免。那么整个竞争将会失去控制，变得毫无意义，从而也必将阻碍下一步与未来的发展。

合理的竞争是更注重特色，注重实效，但不只是所谓非争得“鱼死网破”“你死我活”，它还更讲求的是一种艺术，一种尖锐而不露锋芒，一种犀利而又光滑圆润的艺术。与其说“孤独求败”是一种层次和高度，那么“与众同乐”则更是一种精神和境界。合理竞争恰是如此，需要考虑全面，井然有序，从而共同前行、有力推进。

理解充分竞争和合理竞争之后，我们还要学会竞争。其实，竞争，就是一种比赛，一种能够分出高低的比赛。如果我们放开心胸，把心态调整好去看待，我们就会发现，竞争本来就是一种内在和外在相互激励与鞭策的过程，“此消彼长”、“起起伏伏”，当然我们不可否认“战场上只有胜利和失败两种结果”的看法，但同时我们也应明白这个世界上永远没有绝对的胜和绝对的负，这一时得胜，不代表永远得胜；这一次输掉，也不代表永远都输，即使濒临灭绝，也有可能起死回生，就像世界上著名的犹太民族和他们的精神。

学会竞争，就要学会学习，要始终抱有这种态度和精神。身处落后，就要向一切先进的思想和事物学习；若身居领先，则更应该牢记身后的鞭策，更应该加强学习，学习他们的执著和追赶精神，学习维护和培育这种良好的竞争环境与氛围，从而以维护整体行业前景和促进未来发展。以单一直冲的速度快行高飞，的确可以很快胜出，但如果没有轨道或底线的制衡、激发与牵引，那么，必然会如高空中奋力翱翔的风筝一样，突然达到极限崩断了线，便会顿时失去根基以及牵引力，顷刻间如鸿毛坠落。

所以，竞争，要把握好心态，主动出击，勇敢面对，不断学习；竞争，也要把握好一种精神，立足根基，体现特色，相互激发，相互促进！竞争，如“兵贵神速”，更是综合特色品质与雄厚实力见分晓，由是，我们更要不断加强学习，更要不断全面提升和完善改进！

总之，在这个全新的世界和时代，我们需要充分竞争并积极竞争，我们需要合理竞争并完善竞争，我们更需要学会竞争并善于竞争！

合作共赢 Cooperate

商场如战场，商机如战机。这说的就是竞争的激烈与残酷，更是前进的鞭策和动力。而合作共赢，一如“抱团求生”“万众一心，其利断金”，说的就是合作与团结力量的伟大和由此所能创造出的非凡奇迹。

这不再是一个靠个人单枪匹马即可拼杀奋战、勇闯天涯的时代，这是一个需要并且能够真正懂得合作共赢的时代！

永远不可否认，一个人的力量是有限的，所以它就需要我们不断学习，需要不断扬长避短或取长补短，从而凝聚成一种超强的团队或集体的力量，以此共克时艰、共渡难关，最终在这条竞争与合作的道路上，不断挑战突破，不断发展壮大。这就是团结的力量，也正是合作共赢的力量！

俗话说：“三个臭皮匠赛过诸葛亮”，“众人划桨开大船”！在面对困难和险境重生时，抱团求生，集思广益，渡过难关，此即良策。而身处太平或繁盛时，真正懂得竞争与合作共赢，以各取所长，优势互补，则必然更能够所向披靡，无往而不胜，此亦更是一种智慧、层次和境界。这一点非常值得我们深思反省，更非常值得我们用心研究，尤其在面对这样一个新的时代，面对未来的中国与“创造”这个重要课题时。

有竞争，这是必然，能合作共赢，则更难得。这需要我们必须具备超凡而又开阔的视野、胸怀和眼光。只是紧盯着一小块蛋糕不放，而不想把它做大做强，那么谁也分不到多少，并极可能在争夺厮杀中被耗死或饿死，从而导致“一叶障目不见泰山”，更不用谈山后面是否可有那肥沃的田野或草原，甚至更是碧水蓝天。这一点，就中国自身或企业内部情况来说，更是如此，能够真正懂得并切实把握，进而做到合作共赢，这是一种重要且极为睿智的思想和力量，更是一种平台与动力。当然，我们不可否认竞争的必然和作用，在此我们也更强调这种合作共赢的精神与思想。如果这种合作共赢的作用发挥好了，它不仅能够带动一个甚至一系列产业的发展，而且更有利于激发整个社会的“创造”激情与活力，从而形成一种良好的、乐观共进的氛围。此既可避免恶性竞争的毒瘤和祸害，亦可提升整体国民和员工的全面素质与综合实力。而对于国际和企业之间，首先我们自身要有合作共赢的前提和资本，那就是自己的特色和东西，这是一个根基，然后就是这种合作对话、共赢发展的平台。全世界共同创造，全人类共同开发，在立足自身根基和客观科学规律的基础上，我想我们有能力去做到。

2010 年 5 月 22 日《新京报》的一篇新闻报道就是一个事实佐证。其标题为——《美商务部长：能源问题“美中必须带头”》，副标题是：“全球能源市场价值 6 万亿美元”，称分歧在两国贸易中仅是极其微小的一部分。据报道，这是美国商务部长骆家辉 21 日在中美商会午宴上的一个表示，他称到本世纪中期，全球能源使用量将增长一倍，在解决能源问题方面，美国和中国必须发挥带头作用寻找新的清洁能源。“特别是清洁能源领域，中美利益是捆绑在一起的。”骆家辉表示，开发控制温室气体排放的清洁能源和能效技术，将创造 21 世纪最重要的经济契机，中美不断加深的能源合作将为两国创造数以百万计的高薪、高技能就业机会。全球能源市场价值6万亿美元，其中增速最快的当属清洁能源和绿色能源领域。同时，他还提醒并强调，目前应对全球气候变化的很多技术还不存在，而中美贸易分歧“极其微小”，如果要实现清洁能源的规模化，需要以前所未有的力度来动员和激励私营部门和企业家们开展创新，中美两国与世界各国之间也更应该加强多方面的自由流动与深入合作。

未来世界，除竞争将会更加激烈之外，创新创造和合作共赢，必然更是势之所趋！

其实，从另一个层次讲，合作共赢，它更强调的是一种团队合作精神。诚如中国之经典名言：“团结就是力量”，“集中力量方可办大事”。在这个全新的时代，无论对于中国与中国创造，还是对于“创造”本身，以及创造新的产品、理念、服务，甚至创造新的战绩和记录，我们都应该更加注重这种合作共赢，团队合作精神。未来的世界，我们需要团结协作，需要学会团队发展，更需要学会团队共创。而在此需要更加明确的一点是：真正的团队合作其实是带有一定的牺牲精神的，它需要每个成员全身心地投入、给予和付出，当然，一定程度上坚持自己的根本，也非常有必要，尤其是符合客观的实际和真理；同时，还需要每一个版块的客观理性表达与分析；而当事实情况已经确定时，更需要的是一种开放的胸怀、一种包容精神，一种学习磨合与高度认知；最后自然卓越凝聚成一股核心而强大的团队力量。从而，随时即可展开任何最强有力的战斗和行动。

动物世界亦是如此，在《动物生存术》中，有这样的描述，草原狼少有敌手，但有时候也会遇到更强劲的对手，比如猎人。在遇见人的时候，狼最惯用的逃生方法是分头逃跑，分散人的注意力，这样便可保证有伙伴能够得以逃脱。而另外一种情况，是当蚂蚁面对水流冲淹或大火围攻的时候，蚂蚁立即就会抱成一个团，利用浮力，漂流过去到安全地带，即使它们之中的一些会被淹死，但这些蚂蚁也会这样毫无顾忌地共同去做，虽死亦在所不惜。尤其在面对火灾时，蚂蚁更会集中所有的力量从一个方向突围，所有的工蚁会前赴后继奔向火堆，用被烧死的尸体做垫脚石，杀出一条血路来，利用集体的力量奋力逃出火海，如此，最终会有一定的蚂蚁得以生存，不至于全军覆没。舍小家，顾大家，这是它们的生存智慧。

而在草原上，我们知道，食草动物则是比较弱势的群体，但是，当野马群受到攻击的时候，野马群会集中全部力量集合在一起，强壮高大的头马站在抗敌最前沿，把小马围起，用有力的后踢腿对外，以集体的力量对抗入侵者。大海里常常有大群迁徙的鱼，在迁徙途中受到鲨鱼等大型鱼类捕食的时候，鱼群会集中卷成一个圆球状，使捕食者无从下口，这样才会减少鱼群的损失。它们的生存智慧是团结。在自然法则生存本能的驱使下，团结使得它们得以繁衍生息，动物犹如此，人何以堪？由是，非常值得地球上这些最聪明的人们多多深思和学习。

真正的合作共赢与团队精神，是求同存异，共助发展的。即使有另外意见，可以表达，可以交流，可以探讨，可以提出方案，而不是主观不清或不情愿从而不尊重客观事实，抑或只顾一方私利，便一味反对或有意排除不听从。真正的高度和认知，是相互学习，融入其中，辩证分析，发展促进，以站在一种大局立场，从长远着手。一个真正的合作与团队，需要这一切，这是极为重要的共识和前提；同时更需要迅速凝聚合力、积极主动，以强有力的执行，高效的战斗，在优势互补与搭配下，在不断完善、改进和发展中，全力去突破并创造一个个全新的纪录和战绩，以此实现真正共赢！更甚至，一个真正强有力的合作与团队，更能像那最强的超级特战部队，能够战胜一切压力与挫折，攻克一切艰险与难关，最后终将创造一个又一个最伟大的奇迹！

征服困难 Conquer

困难，是用来克服的！理想，是用来实现的！同样，问题是用来解决的！难道不是吗？每一个问题的产生，总会伴有诸多的解决方法。办法总比问题多，困难总可以被征服。这是矛盾的普遍性原理和事物客观变化发展之规律的精髓。

正如美国著名的罗斯福总统说过的："我们唯一畏惧的，就是畏惧本身！"因为正是这种难以名状、失去理智和毫无道理的恐惧，麻痹人的意志，使人们不去进行必要的努力，它把人转退为进所需的种种努力化为泡影。因此，当我们面临前进道路上的任何困难时，都必须勇敢面对，学会改变，并勇于征服。

这里有一个小型的关于理念原理的测试，每道题只能选一项。一、在面对艰难的情况时，你的最直接选择是：A. 绕开或逃避；B. 顺其自然；C. 勇敢面对；D. 征服战胜。二、当你面对的是一种根本无法逃脱的并且必须解决的困难时，你的真实选择是：A. 先不管，到时候再说；B. 慢慢来，视情况而定；C. 主动寻求帮助再解决；D. 积极充分了解情况，坚决克服。这两种情况，我们的选择是？我想答案肯定不一，并且可能会有另外的选择，但在此，我们基本可以对选择的结果作出一个客观的分析。如果第一种情况有更多选择的空间和余地，那么第二种情况则更加确定和明了。可惜的是，我们中更多人的选择已经很微妙，我们总认为：车到山前必有路。于是，很多时候选择走一步算一步，到时看情况吧。但同时，我们也总忽略了一点，车到山前未必有路！那么，到那时又该如何克服？我们理解人们由易而难的心理，但面对以上这种情况，按最终选择结果的得分程度与比例计算，我想每道题中后面的两个选择更应该值得肯定和赞成。

这只是一个简单的心理状态程度的测试题，然而反映出来的问题和道理却能折射出很重要的理念。人们在面对困难时，有害怕，或不能及时克服的心理。这一点尤其在中国，很多人总是比较内敛保守，害怕改变。加之一些根深蒂固的观念，改变对他们来说，比什么都难。不仅不愿意改变，而且即使在看到好的改变时，也不愿意改变。不知道这是好还是坏？大抵可以这么说，具有沉稳的有利性一面，亦有缺乏自我挑战与创新改进的不利面。或者这就是黄土文明与海洋文明的差异所在。但换过来想，如果我们在面对这种困难时能够积极主动地勇敢面对并及时战胜克服，那么，这种攻克难关之后的自由畅快，这种自我肯定的成就感与愉悦感，是多么令人无限向往？更有待征服一个个难关后所积累的自信和力量，那种积淀、成果与心中认识、层次和境界，想一想，感觉又将会是怎样？其实，征服困难是一件非常快乐的事情，它既能让你得到磨炼，又能让你身心愉悦，更能使你真正成就未来！面对困难时，不妨多一些场景想象，这对于面临这个时代“创造”之主题的艰辛而言，更是一种极大信心提升和有力改进。恰如“学而时习之，不亦乐乎”？何乐而不为？

既然真正懂得征服困难，其实是一件无比快乐和愉悦并且充满无限自豪感与成就感的事情，那么，请立即调整好状态，勇敢面对和征服难关吧即可。与此同时，我们也需要明白一点：困难，既然带有一个“难”，那必然有不易之处，需要我们理性认识，充分分析，一步一个脚印，脚踏实地，才能赢得胜利。

征服困难，需要“Combat”——战斗。战斗，是一种精神，它赋予我们一种力量，尤其是不断前进的动力和力量。我们这个时代，需要这样一种战斗的精神，更需要能够带给整个中国和世界最强的力量感。而我们这个全新的时代与未来，亦需要这种具有鲜明特色的力量感和美感。

困难对于战斗而言，只相当于万物之中一粒沙，再自然不过，因为它只是一道小坎，仅此而已。相对于那些大的跨栏和翻过高山、飞跃蓝天与海洋之壮举，一些所谓困难，只是万绿丛中之一点，根本算不得什么！“谁敢横刀立马，唯我彭大将军！”面对难关，必须有这种“舍我其谁”的战斗豪情与霸气，更要有那种“五岭逶迤腾细浪，乌蒙磅礴走泥丸”的壮志与气概。拥有战斗的精神和力量，必将战无不胜，攻无不克！以这种战斗的行动去专注投入，更将会无坚不摧！

征服困难，同时需要“Crave and Chase”——充满渴望与执著追求。对理想充满渴望，对战胜艰难充满渴望；对未来执著追求，对攻克难关执著追求。充满渴望与执著追求，将如理想光芒的指引和强大动力的推撑，是征服一切困苦和艰难险阻的有力武器，同时更是深刻而全面内化为超强的、锲而不舍精神的超级引擎。苏轼曾有言：“古之立大事者，不惟有超世之才，亦必有坚忍不拔之志。”这种执著的精神，坚强的意志，是攻克一切难关、征服一切困难的法宝！

我们深知，任何事情都不可能是完全一帆风顺的，更不可能是一蹴而就的，尤其是对于“创造”和中国创造这一关键而重大的难题。这是一个全新的开创，更是一种全方位角逐与激烈较量后的厚积薄发和有力绽放。正所谓“冰冻三尺，非一日之寒；为山九仞，岂一日之功。”这种由量变到质变的突破和飞跃，注定需要一个持续的过程，需要连续不断的投入和关注。其间的艰苦和磨砺肯定在所难免，甚至会层出不穷。所以这种“兵来将挡，水来土掩”的气势，这种充满渴望与执著追求的品质；这种无论如何都坚持不懈、顽强不屈的精神，这种矢志不移永远去努力的耐力和无比坚定的意志，将显得尤为珍贵，极为难得。恰如中国一段古训：“故不积跬步，无以至千里；不积小流，无以成江海。骐骥一跃，不能十步；驽马十驾，功在不舍。锲而舍之，朽木不折；锲而不舍，金石可镂。”我们应该深刻理解并牢记这一点。同时，我们也更应深知，在这个全新而多样的世界，凡追求真正的上进与真知，都会遇到一定的困难。所以，我们也应该懂得：努力不一定成功，但放弃一定失败！

在这样一个全新的时代与未来，在面对这样一个全新的征程与路上的艰难，永远充满渴望与执著追求，始终“不抛弃不放弃”，锲而不舍、自强不息的精神与理念，将是我们强有力的利剑和“与天地同在”之恒久永存的动力力量！

再从另外一个层次讲，征服困难，更为重要的一点，就是一定要做到“Clearly and Completely”——清楚明晰和彻底完整。所谓“不做无准备之事，不打无把握之仗”“宜将剩勇追穷寇，不可沽名学霸王”，我们不但要攻克难关，还要清楚而彻底地攻克它！真正懂得、了解，即清楚明晰前提；然后战斗、执著，全力行动；最后即彻底攻克，理清头绪，画上一个圆满的句号！

如此征服困难，方可称得上是真正的征服困难。正如毛泽东所说“更喜岷山千里雪，三军过后尽开颜”，“不到长城非好汉，屈指行程二万”那种充满征服的酣畅淋漓与豪迈气概。并且，也只有这种真正的征服，方可真正取得最终的完全战胜，方才能够真正称为大功告成！

集中专注 Concentrate

要真正做成一项事业或一件事情，要真正做到创新创造，那么，我们就一定要能够真正而全心做到：集中专注！

先贤荀子在《劝学》一文中有言：

“君子曰：学不可以已。青，取之于蓝，而青于蓝；冰，水为之，而寒于水。木直中绳，輮（煣）以为轮，其曲中规。虽有（又）槁暴（曝），不复挺者，輮（揉）使之然也。故木受绳则直，金就砺则利，君子博学而日参省乎己，则知明而行无过矣。”同时亦有：“蚓无爪牙之利，筋骨之强，上食埃土，下饮黄泉，用心一也。蟹六跪而二螯，非蛇鳝之穴无可寄托者，用心躁也。是故无冥冥之志者，无昭昭之明；无惛惛之事者，无赫赫之功。行衢道者不至，事两君者不容。目不能两视而明，耳不能两听而聪。螣蛇无足而飞，鼫鼠五技而穷。《诗》曰：‘尸鸠在桑，其子七兮。淑人君子，其仪一兮。其仪一兮，心如结兮！’故君子结于一也。”

这两段主旨看似有些矛盾的观点，恰恰并不矛盾，而是一个完整的统一体。它道出了一个很深刻的道理，那就是：博学以改进，专一以投入；学习不已，持之以恒，求索终成。此即《劝学》之精髓。

辩证和思考，将会给我们的人生与未来带来很大的智慧。在此，我们期待能够在博学基础之上，着重探讨集中专注，专心如一。

集中专注，不仅在学习方面非常重要，在诸多方面都极为关键。集中专注，专心如一，是战胜任何困难、成就一切伟业的核心与关键突破点。

改革开放时，“一个中心，两个基本点”的提出，以今天成果而见，就是一个有力的证明。当时，站在一个新的起点，国家力挽狂澜，主动作出战略方针调整，提出了“一个中心，两个基本点”——“以经济建设为中心，坚持四项基本原则，坚持改革开放”的基本路线。这一主题的提出，极大地调动了各方面的积极性，激发了无限的热情与活力。发展，才是硬道理，这是根本！这一主题方向的确定，奠定了今日中国的实力根基。专心致志搞建设，一心一意谋发展！正是这种理念的指引，才让我们把所有的精力和心思都投入到了这个主题上，从而杜绝了一切外在的干扰，在经过艰苦的探索后，实现了中国一个又一个新的突破，创造了中国的奇迹。当然，我们不可否认其中探索所经历的艰辛，包括之中提出的“一手抓物质文明，一手抓精神文明，两手都要抓，两手都要硬。”但大前提方向和整体布局与核心点是一致的。发展是根本，首先是生存之根本。无论就当时，还是就历史的进程而言，今天的我们都不可否认，万众一心，集中专注于基本路线这一核心主题，并且全力共同投入到建设与发展中，可想而知，这不可谓不是一种强大而非凡无比的力量。

做到集中专注，需要综合考虑，把握好方向，需要抓好主干和关键点。有一个经典历史案例，抗日战争年代，在民族生死存亡的危急关头，中国共产党明确提出建立抗日民族统一战线的主张，广大民众也纷纷要求“停止内战，一致对外”。面对这种强烈的呼声，蒋介石却还是一味坚持“攘外必先安内”的政策，这如何不让民众失望痛心？又如何不大失根基民心？所以，无论从哪个方面讲，国民党的失败都是必然的，因为他们根本就没有集中专注地抓住主干，抓住当时的主要矛盾，抑或矛盾事物的主要方面；更没能够把握住当时的大趋势和大方向，只是紧盯着自己的内部利益不放，且更要面临广大民众极大的愤慨和外部极其严峻的战争威胁，结果自己分身乏术；以致后来全面抗战爆发时，他们也几乎节节败退，甚至不战而逃。所以，从历史和辨证的眼光去看待与分析，蒋介石自己最后也感叹："我们是被自己打败的。"这种结果是必然的。

集中专注，在成就未来的事业上，更体现在专心致志，始终如一；同时，这种集中专注和专心致志、始终如一，在新时代的真正中国创造与发展道路上，亦更是极为关键和重要。专注，汇聚力量；专注，能够集中所有精力于一点去突破。博而后专，立足专业，然后全神贯注，专心致志，此将更是能够成就一切事业，创造一切可能的一个根本基点！

著名作家茨威格在《从罗丹得到的启示》一文中道出了这样一个事实和真理。

他说是一个伟大的人物，给了他一个伟大的启示。那件仿佛微乎其微的事，竟成为决定他一生的关键。他是在遇到写作的困境时，在比利时名作家魏尔哈仑的引领下，去看法国著名的雕塑家罗丹。

待罗丹带他去看自己的雕塑作品时，文中描述道：

罗丹罩上了粗布工作衫，因而好像就变成了一个工人。他在一个台架前停着。"这是我的近作，"他说，把湿布揭开，现出一座女正身像，以黏土美好地塑成的。"这已完工了。"我想。他退后一步，仔细看着，这身材魁梧、阔肩、白髯的老人。但是在审视片刻之后，他低语着："就在这肩上线条还是太粗，对不起……"

他拿起刮刀、木刀片轻轻滑过软和的黏土，给肌肉一种更柔美的光泽。他健壮的手动起来了；他的眼睛闪耀着。"还有那里……还有那里……"他又修改了一下，他走回去。他把台架转过来，含糊地吐着奇异的喉音。时而，他的眼睛高兴得发亮；时而，他的双眉苦恼地蹙着。他捏好小块的粘土，粘在像身上，刮开一些。

这样过了半点钟，一点钟……他没有再向我说过一句话。他忘掉了一切，除了他要创造的更崇高的形体的意象。他专注于他的工作，犹如在创世的上帝。最后，带着舒叹，他仍下刮刀，以一个男子把披肩披到他情人肩上那种温存关怀般地把湿布蒙着女正身像。接着，他又转身要走，那身材魁梧的老人。

在他走到门口之前，他看见了我。他凝视着，就在那时他才记起，他显然对他的失礼而惊惶。"对不起，先生，我完全把你忘记了，可是你知道……"

我握着他的手，感动地紧握着。也许他已领悟我所感受到的，因为在我们走出屋子时，他微笑了，用手搀着我的肩头。

在那天下午，我学得的比在学校所有的时间都多。从此，我知道凡人类的工作必须怎样做，假如那是好而又值得的。

再没有什么像亲见一个人全然忘记时间、地方与世界那样使我感动。那时，我参悟到一切艺术与伟业的奥妙——专心，完成或大或小的事业的全力集中，把易于弛散的意志贯注在一件事情上的本领。

于是，我察觉我至今在我自己的工作上所缺少的是什么——那能使人除了追求完整的意志而外把一切都忘掉的热忱，一个人一定要能够把他自己完全沉浸在他的工作里。没有——我现在才知道——别的秘诀。

是的，这种集中专注、专心致志的品质，这种完全忘我投入的热忱，成就的将不仅是一项事业，更不仅仅是一个人！

珍爱珍惜　Cherish

无论对于中国与世界，还是对于时代与未来；无论对于人类与理想，还是对于自然与现实，我们都必须懂得并且要牢牢记住这个词：Cherish——珍爱珍惜！

Cherish——珍爱珍惜。这是一种重要的思想和理念，它理应深入到我们的骨髓和血液，烙刻于我们的心底和灵魂中；它更应伴随所有一切存在与发展的始终。这在我们未来前行和“创造”的道路上，更是如此。

不以物欲而迷失，不以私利而忘恩；不因艰难而屈服，不因富足而亢奋！居高位而不骄傲，处落后而不浮躁。最难得是珍爱珍惜，不断努力；最重要的是拥有属于自己的一片自然而美好的精神栖息家园。

“Cherish”，这种“珍爱珍惜”的思想和理念，将从另外一个高度、角度、深度，以及宽度、广度、尺度和维度方面，为我们展示一种全新的图景和认识。

首先，对于我们人自身，我们的生命与人生。我们应懂得感恩，懂得珍惜生命，珍爱人生。奥斯特洛夫斯基在《钢铁是怎样炼成的》一书中关于“生命的意义”有这样一段论述：

“人最宝贵的东西是生命，生命对于每个人只有一次。这仅有的一次生命应当怎样度过呢？每当回忆往事的时候，能够不因虚度年华而悔恨，不因碌碌无为而羞愧。在临死的时候，能够说：‘我的整个生命和全部精力，都已献给了世界上最壮丽的事业——为人类的解放而进行的斗争。’人，应当赶快生活！”

我们尊敬这种生命的高尚与伟大，同时，我们也看重这种生命的价值和意义。生命宝贵，人生难得，曾几何时，一些人就这样匆匆而过？曾几何时，再也没有不老的传说？懂得感恩，感恩我们的生命，感恩我们的父母，感恩我们的亲人朋友，感恩我们身边的每一个人；珍惜难得，珍惜我们的人生，珍惜我们的家庭，珍惜我们的祖国与世界，珍惜我们的亲情、友情与爱情！

带着这样一种思想和理念，我们的心中将充满无限的爱、友善、亲近、自然、平和、真诚、感恩和美好；更会有一种热情、健康、积极、鼓励、坚定、自信、勇气和动力。

其次，对于人与世界。相对于整个宇宙而言，地球只是其中的一颗行星。茫茫太空，繁星点点，地球这颗承载众多生命的行星，幽幽运行其中，实属奥妙和难得。相对于地球自身，这个世界就是一个有机的统一体，动物与植物相生，陆地与海洋并存，构成了一幅非常独特而美好的场景与图画。“五大洲四大洋”，人类数百万年来，就一直繁衍生息在这片广袤的土地上，地球这个有机的整体给予了人类与万物生生不息的力量。更有来自太阳的光芒，还有宇宙太空中美妙的星星与月亮。这一切构成了一幅多么自然而和谐的画面，真是不可思议。作为生活在这个地球上人类，我们更应该珍惜这一切，也更应该感谢浩瀚宇宙与这个星球，把所有这一切都赋予了我们人类，还有馈赠给整个人类的无穷智慧！

广袤大地，无边海洋，我们就生活在这片美丽的空间和土地上，你说我们如何不幸运，如何不珍惜，如何不感激？

无论国家也好，无论地区也好，我们都应该携起手来，共同建设美好的地球家园。人就是在这个星球上不断地学习、成长、生息和创造。

人类的发展与进步，是这个世界的共同福音；人们的和平相处与共同富足，将更是这个地球最美好的景象。

最后，关于人与自然。人是自然的一部分，在整个地球上自然循环的系统中，人是其中的一个环节。人与自然相互依存。当人们尊重自然和客观规律进行发展，并能奉献且维护好生态循环，就会顺势而成，获得巨大的成果和意想不到的奇迹。反过来，当人们不尊重自然和客观规律肆意开发，并不顾生态循环时，就会面临险境，遭受巨大的损失甚至灭顶之灾。所以，人应珍惜自然，尊重自然，爱护自然。珍惜自然，就是在珍惜人类自己，也更是在尊重与爱护自己。资源节约，环境友好，和谐相处，这是人与自然的大智慧，也是人类自身、人与世界的大智慧。

让我们真正懂得珍惜，携手共进，一起建设美好的人类、世界与自然家园；同时，也更让我们真正懂得珍爱，友好相处，共同创造非凡的科学、人文与前景未来！

懂得珍惜，珍惜所拥有；懂得真诚，真诚以待人；懂得感恩，感恩以处事！在这个全新的美丽而又多彩的自然、世界、地球与未来，愿我们都能够时刻并永远牢记：Cherish——珍爱珍惜，这样一种人类最非凡最伟大的思想和理念！

| 坚定信心 Confidence

这个全新的世界与时代，要真正实现中国创造与中国未来发展，甚至“全球共创”，永远离不开我们坚定的信心。

首先来看两个具体案例：

据新华网和财经网报道，2010年4月25日，在美国华盛顿举行的世界银行发展委员会春季会议上，通过了一项重要的发达国家向发展中国家转移投票权的改革方案，这次改革发达国家向发展中国家共转移了3.13个百分点的投票权，使发展中国家整体投票权从44.06%提高到47.19%；其中，中国在世行的投票权则从目前的2.77%提高到4.42%，从而一跃成为仅次于美国和日本的世界银行第三大股东国。

对于这一重大改革，世界银行行长佐利克在当天的记者会上说，当今世界正在向一个“新的、快速演变的多极世界经济体”发展，发展中国家正在为世界经济复苏和恢复增长发挥越来越重要的作用，世界银行必须通过自身改革来承认（世界多极化）这一新的现实。

表1：世界银行投票权的变动

排名	国家	改革后投票权	改革前投票权
1	美国	15.85%	15.85%
2	日本	6.84%	7.62%
3	中国	4.42%	2.77%

续表

排名	国家	改革后投票权	改革前投票权
4	德国	4.00%	4.35%
5	法国	3.75%	4.17%
6	美国	3.75%	4.17%
7	印度	2.91%	2.77%
8	巴西	2.24%	2.06%

资料来源：世界银行、CS

表 2：世界银行投票权的变动

国家	改革后投票权	改革前投票权	占给发展中国家新投票权的百分比
中国	4. 42%	2. 77%	52. 72%
印度	2. 91%	2. 77%	4. 47%
巴西	2. 24%	2. 06%	5. 75%
俄罗斯	2. 77%	2. 77%	0. 00%

资料来源：世界银行、CSI

据香港媒体和美国华人网报道，5 月 19 日，瑞士洛桑国际管理学院（IMD）公布的 2010 年《世界竞争力年度报告》（World Competitiveness Yearbook）中，新加坡和中国香港的排名都前进一名，分别位列世界最具竞争力的第一名和第二名，美国位列第三。中国内地的排名较去年增长了两位，排名全球第十八。这是十几年来，美国第一次在这个榜单中失去了第一名的位置。16 年蝉联第一名后，美国今年仅名列第三。

而在排名的榜首十大中，有一半由亚洲国家或地区包办，这反映出它们在金融风暴后不仅迅速复苏，而且乘时强势崛起。

备受国人关注的中国内地的排名在这次则上升了两位。报告指出，金砖四国（BRIC）中，中国的竞争力领先巴西、俄罗斯及印度。中国排名由去年 20 位，微升至 18 位，印度、巴西及俄罗斯排名分别为 31、38

及51位。台湾《中国时报》报道说，排名反映出应对全球衰退打击方面，中国表现比另外三国优胜，巴西及俄罗斯排名的落后，反映出国家受大宗商品价格下跌的冲击。

瑞士洛桑国际管理学院公布的世界竞争力排名前10名分别为：新加坡、中国香港、美国、瑞士、澳洲、瑞典、加拿大、中国台湾、挪威、马来西亚。

看了上述这两个具体案例之后，我们会有如何感想呢？而且在第一篇案例中，有媒体与专家评论和分析，这次世界银行改革的变化，充分体现了发展中国家经济实力的增强和国际地位的提高，发展中国家也正在成为全球发展的新动力；中国在这次投票权中的改变，被认为是这次世界银行权力再分配的大赢家，更有助于进一步增强中国和世行的合作，更好地发挥中国的作用。

同时，世界银行行长佐利克在接受媒体采访时表示，他很高兴看到中国在世行的投票权得到提高，这反映了中国在世界经济中的比重增长，他对世界银行与中国关系的成功感到“非常自豪”，今年是中国恢复在世行合法席位30周年，他将在今年晚些时候访问中国，并参加相关的庆祝活动。

在第二个案例中，这份世界最具竞争力排名报告参考了包括宏观经济表现、政府效率、企业效率和基础设施等在内的共4大类、320多种评估指标。今年的竞争力排名还特别考虑了国际金融危机和主权债务危机等因素的影响，认为竞争力是各经济体对其资源和优势进行整体管理，从而不断改善其人民生活和生存状况的能力。

瑞士洛桑国际管理学院是欧洲最著名的商学院之一，自1989年以来，该机构每年都对世界主要国家或地区的竞争力进行分析和排名，所发表的《世界竞争力年度报告》在国际上享有较高声誉。

同时，另据《中国经济周刊》报道，在2009年9月8日，总部设在瑞士日内瓦的世界经济论坛（World Economic Forum）发布的《2009—2010年全球竞争力报告》中，面对全球133个参评经济体，中国内地在这一报告的竞争力排名榜上的位置从去年的第三十位上升至今年的第二十九位，持续上升至前30强，并且继续领跑“金砖四国”。

世界经济论坛从1979年开始就对每个国家的竞争力进行评判，是目前国际上从事竞争力评价最著名的机构之一。世界经济论坛认为全球竞争力指数水平由基础条件、效率推进、创新与成熟性三大因素决定，三大因素又被具体为12项：制度、基础设施、宏观经济稳定性、健康与初等教育、高等教育与培训、商品市场效率、劳动市场效率、金融市场成熟性、技术准备、市场规模、商务成熟性、创新。它通过对一个国家进行综合因素考评，然后才推出一年一度的《全球竞争力报告》。

面对危机，信心比黄金和货币更重要！这一点，此刻，在中国，得到了切实的验证。

而且，通过2008年“5.12”大地震洗礼和奥运会成功举办，2009年建国60周年国庆大阅兵展示和抗击全球经济危机激励，更有2010年世博会新的世界窗口和起点。这一系列独特、精彩而漂亮的对内对外展示，更加坚定了国人对这一信心的认识。坚定的信心和希望可以战胜任何风险与艰难；坚定的信心和希望，也更可以成就我们一切非凡奇迹与理想！

这一信心，实际上，在今天已更多强调的是一种信念，是一种精神的力量。它在现实的探索行动中，已自然内化为一种动力和渴望，指引着人们克服种种困难，战胜重重艰险，从而，夺取更大的胜利和辉煌。

这样的信心，是一种力量！

这个时代的中国，在内外都给了我们这样一种信心和力量！

然而，正如矛盾的原理所说，任何事物都具有两面性；也正如前面关于“竞争”所探讨的，前进发展中需要充分竞争，当然也更需要合理竞争，一如强力的冲刺和惯性，更需要牵引和制衡。

越是在高速、快捷而有力的前进和发展时，人们就越容易得意忘形，也越容易盲目和迷失；所以，在这个最关键和特殊的时刻，我们就越应该多一些清醒，多一些探讨，多一些认知，多一些反思！

在此，面对中国的发展和自信，我们不禁要追问：

中国经济与未来的竞争力真的能这么强吗？

中国和世界对中国真的这么自信吗？

中国的信心源自哪里？

中国这种信心的核心与实质又是什么？

中国的这种信心和希望又该在未来奔往或发展到一个怎样的方向？

再让我们看一下另外一种情况分析和两个具体案例——

对于世行改革，有学者指出，虽然发展中国家和中国在本次世行改革中取得很大的发展，虽然近年来美国等发达国家在金融危机和经济衰退中其国力与全球金融地位有所影响，美国等发达国家在国际货币体系中的地位受到来自各方面的挑战与冲击，但是我们也应该很清楚地看到，美国仍然是一股独大，世界金融格局并没有发生本质变化。

而且，国际金融体系的改革依然是在现有基础上的改革。美国等发达国家在国际金融体系中仍牢固把握主导权，发展中国家仍处于弱势，仍难以完全公正平等对话。未来随着全球金融合作的不断深入和增进加强，这种金融竞争也将更加激烈。

而相对于中国来说，话语权的提升不等于影响力自然获得了提升，在国际金融体系的地位提高之后，如何相应地提升干预能力，从而做出与大国地位相称的贡献，将是中国面临的一个重要挑战。

对于世界竞争力排名，有媒体评价和分析，这份《世界竞争力年度报告》显示，虽然中国将继续其耀眼的经济增长，但令人吃惊的是，其整体竞争力竟然与2006年持平。（中国在这几年间排名在第15名到20名之间徘徊）中国在就业、劳动力市场和体制框架方面得分较高，但是在商业立法、管理方法、健康和环境等方面相对落后。至于美国，IMD世界竞争力中心的主任史蒂芬尼认为，这位长期的前冠军现在下滑到了第三名的位置，主要原因是债务，预算赤字，金融资产的贬值和失业现象的重负。但是即便是在混乱之中，根据IMD的数据，美国的基础经济力量还是几乎没有受到损害。史蒂芬尼说："美国由于其经济的规模，以及科技和商业竞争力的强大的领导力，将损害控制在了有限的范围内。"

而同样，世界经济论坛的《报告》中也专门指出，虽然中国有巨大的市场规模和广阔空间，且在金融危机背景下继续保持良好的增长势头，显示出良好的竞争力，但中国仍然有许多领域需要进一步改进和发展，尤其是其金融市场成熟性、技术准备和高等教育方面。

具体案例一：

2010年5月24日，《福布斯》公布了由纽约研究机构Reputation Institute评出的2010年度"全球最受尊敬企业排名"。在上榜的28家企业中，中国公司无一入选。

纽约研究机构声誉研究所（Reputation Institute），是在对世界600强企业（按总收入）进行调查后，通过来自美国、西班牙、韩国、巴西等24个国家的消费报告，对他们的商品、服务、创新能力、工作环境、管理方法、权利与义务、财政表现以及领导能力等进行等级评定，从而得出这一报告排名的。

排名前十的公司分别为：

01　谷歌

02　索尼

03　华特—迪士尼

04　宝马

05　戴姆勒

06　苹果公司

07　诺基亚

08　宜家

09　大众汽车

10　英特尔

除以上十家企业，还有：微软、强生、松下、新加坡航空公司、菲利普、欧莱雅、IBM、惠普、意大利面食生产商百味来（Barilla）、雀巢、意大利费列罗集团、松下、联邦快递、本田汽车、可口可乐、嘉士伯、宝洁及美国快递公司UPS等也榜上有名。

具体案例二：

2010年5月26日，《参考消息》和《环球时报》，分别都于当天引用了美国《华盛顿邮报》5月25日的一篇文章，原题为：《北京试图超越"中国制造"，实现品牌创新》。文章说，缺乏创新导致中国品牌问题愈发严峻，品牌匮乏，中国只能做"世界工厂"，阻碍中国实现超级大国梦。

尽管中国的经济不断快速发展，中国的国际影响力也不断增强，但看一看世界著名品牌中，日本有索尼，德国有宝马，中国有……什么呢？缺少全球品牌，正在阻碍并威胁着中国的超级大国之梦。

缺少知名品牌，没有大品牌意味着中国只能从事制造工厂的低端劳动，而海外设计师和工程师则赚取大头利润。比如，苹果公司的许多iPhone是中国制造的，但是，如果一种高端款型的售价是750美元，中国能拿到25美元就不错了。如果是一双耐克鞋，中国则只能从每个美元当中拿到4美分。

由于中国缺乏成功创新，只能拼接安装别人构思、发明和设计的产品，所以形势更是雪上加霜。由于缺乏创新，中国只能向外国人支付巨额的专利技术使用费。

财富500强上榜的34家大陆公司中，业务基本上局限于中国国内。全世界最大的3家银行都是中国的，但从开展运营的地理范围而言都没有一家能跻身全球排名的前50强。

中国问题专家肯尼思·德沃斯金（杜志豪）说："再过10年，如果这些中国企业还不跨出国门，恐怕很难判断它们能剩下多少活力。"

欧盟商会前会长约尔格·伍德克也指出："中国仍面临重重困难，在大学里投入的资金没有转化为产品。"

中国在创建全球化公司方面仍面临艰巨挑战。对中国高管人员展开的调查表明，他们与政府官员在一起的时间远远超过了与客户在一起的时间，因为在中国，政府官员是获利的关键；而在国际上，决定成败的是客户。

看了上面这两个案例之后，我们又该作何感想？这也对应了我们前面所提出的问题，值得我们深刻地去反省和深入地探索、反思。

前进发展已不易，创新创造则更难。在中国这个重要的战略机遇期、经济转型期和结构调整期，我们又该如何把握呢？未来国际化和全球化的大道上我们又该如何勇敢直前呢？在这个全新的世界与时代，我们又该怎样进一步突破，进一步飞跃，进一步全力去发展完善呢？

那就是："全力地创新创造"，"真正地坚定信心！"

创新创造，永远离不开坚定的信心；而真正地坚定信心，将更加有利于创新创造！

中国经济的发展，全世界有目共睹；中国经济的实力，也在国内外得到了充分的认可。而良好的国内根基和积累，卓越的国际拓展和铺垫，将为中国提供强有力的支撑和展示。中国创造，必将引领世界！中国创造，也必将让全世界都真正见证中国所创造的奇迹、力量和无限精彩！

用真正的实力，证明一切，这才是真正的坚定信心！

真正的自信，是一种积淀；真正的自信，是一种历练！真正的自信，圆润而不声张；真正的自信，坚定而有力量！同时，拥有了这种坚定的信心，就拥有了成就一切的法宝；拥有了这种坚定的信心，更是拥有了战胜一切困难的铜炮钢枪！

2010 年 5 月 24 日至 25 日，第二轮中美战略与经济对话在北京举行，美国国务卿希拉里率领了 200 人阵容的高级官员超级代表团，几乎涵盖美国政府所有部门，也包括国防部和美军太平洋司令部的“关键”官员参与此次对话。

2010 年 5 月 25 日至 26 日，中共中央、国务院召开的全国人才工作会议在北京举行。国家领导人胡锦涛、吴邦国、温家宝、贾庆林、李长春、习近平、李克强、贺国强、周永康出席会议。胡锦涛发表重要讲话，强调要努力培养造就数以亿计的高素质劳动者、数以千万计的专门人才和一大批拔尖创新人才。“到 2020 年我国人才发展总体目标是：培养造就规模宏大、结构优化、布局合理、素质优良的人才队伍，确立国家人才竞争比较优势，进入世界人才强国行列，为在本世纪中叶基本实现社会主义现代化奠定人才基础。”

坚持推进改革创新，激发各类人才创造活力。十年将建成“世界人才强国”。它们和建设创新型国家，构建学习型社会一道，这构成了中国一种怎样的气势，一种怎样的坚定意志。

国际高度关注，国内积极奋斗。不断学习，不断探索；不断思考践行，不断挑战超越。这就是这个时代的中国！这个时代的中国有这样一种——坚定信心！

真正地坚定信心，充满着大气和包容，真正地坚定信心，涵纳一种胸怀和雅量；真正地坚定信心，是一种不断的觉悟、认知、自强和自省！真正地坚定信心，更是一种不断的锤炼、稳健、开放和透明！

这样的信心，让人无比敬佩；这样的信心，真正发人深省！对于这个创造的世界，创造的时代和创造的中国，我们需要做到。而对于我们的社会，我们的企业和我们每一个个人，更应该真正做到！

“家是最小国，国是最大家”。我们每一个人和全社会的共同努力与创造，将会汇聚成这个国家最强的动力和创造。每一个企业和团体，全力的投入和创造，将更会成就这个世界和人类最美的理想和力量！

今天，整个中国和世界的无限魅力和多彩，可以说就是整个人类共同的创造与辉煌。莎士比亚说，人，你这宇宙万物的灵长！我们更要说，人，你这宇宙与世界的创造力量！

人，就应该有这种坚定的信心！有这种坚定的信念和意志！

这种坚定的信心、信念和意志，将能极大地促进我们战胜一切困难和挑战，成就任何非凡的事业与伟大的奇迹！

俄国著名生理学家、心理学家，诺贝尔奖获得者巴甫洛夫曾说过：“如果我要做什么，就是用炮也打不倒我。”

更有美国当代著名科普作家阿西莫夫，他的一句震撼世界的名言：“我决心从化学方面取得博士学位，我做到了……我决定写故事，我做到了；然后我决定写小说，我做到了；最后，我决定成为一个整个时代的作家，我确实变成了这样一个人。”这不是狂妄，这是自信。正是凭着这种顽强的自信，阿西莫夫从 1914 年出版科幻小说《黄昏》以来，写了

200 本书。

正是这种顽强的自信，使他们能够在各自的领域为人类作出巨大的贡献，从而，也创造出了一个又一个辉煌。这是人类的力量，更是人之为人的奇迹。

世界著名科学家，曾两次获得诺贝尔奖的玛丽·居里夫人，在她的《我的信念》一文中曾写到：

“生活对于任何一个男女都非易事，我们必须有坚韧不拔的精神。最要紧的，还是我们自己要有信心。我们必须坚信，我们对每一件事情都具有天赋的才能，并且，当我们知道这件事情是什么的时候，无论付出任何代价，我们都要把这件事情完成。当事情结束的时候，你要能够问心无愧地说：‘我已经尽我所能了。’”

自信，而不自负；自强，而不自狂！自重，而不自傲；自省，而不自欺！真正的坚定与自信，即是如此，激励着我们不断奋斗和前进！

“千磨万击还坚劲，任尔东西南北风！”“曾记否，到中流击水，浪遏飞舟?”真正的信心，可以转化一种信念，一种精神，一种意志，一种品格！无论对于全新的世界与时代，还是对于美好的前景与未来，中国与中国创造，永远都不能离开坚定信心！

引领文化 Culture

人类的精神文化成果，从来都是一笔最宝贵的财富！数千年来，多少奇珍和异物消失，多少岁月与历史更迭，多少人物和古迹埋没，而真正留给我们后人的又是什么呢？能让我们发自心底永远感慨铭记的又是什么呢？唯有人类的真知精神与文化。

正如真正的自信，源于坚实的根基。而真正的文化，是思想的载体。哲学的原理告诉我们：实践出真知，真知又高于实践。所以，他们相互激发，螺旋推进，不断上升，推动着人类的文明与精神不断进步和发展。

文化，历来就是一个宏大的概念。它不是一种具体的物质，更不像具体的物质那样触手可及，那样直观明显；它也更不是一种虚无，存在与否可有可无。它的存在即被感知，它留给人的印象有时比直观的物质更鲜明、更独特、更具体，它更是多于无形当中，作用于人们的内心。这就是文化的独特魅力，数千年来，一直维系着人类、社会和外在世界的生生不息、共存发展。

在现代汉语中的解释，文化是一个群体（可以是国家、也可以是民族、企业、家庭）在一定时期内形成的思想、理念、行为、风俗、习惯、代表人物及由这个群体整体意识所辐射出来的一切活动。它是人类在社会历史发展过程中所创造的物质财富和精神财富的总和，尤其是精神财富，如文学、艺术、教育、科学等。其实，说到底，文化就是人类思想、精神、心灵与外在客观世界的载体。然而，这也是一个宏大的范围和载体。

要引领最先进和最真知卓越的文化，除了要具有坚定的信心和无比牢固深厚的根基之外，就是必须要有并不断推出更多的、更具价值的、更具吸引力和真知的创新、创造。文化，是一个国家的代表，文化，更是一个国家国力的象征。它甚至，有时代表的不止是一个国家或民族的文化，它更代表着整个人类与世界的文化。

这种文化，需要我们不断地去创新和创造！

这种文化，需要我们明智地去继承和发扬！

这种真知的文化，将给人们带来无穷的智慧和力量！

这种真知的文化，将给人们指引未来的阳光和方向！

而今天，在这里，我们想发出这样一种和呼喊：

这是一个创新创造的时代！

这是一个充满无限生机与活力的时代！

这是一个比以往任何时候都无比包容的时代！

这更是一个思想、智慧与真理光芒尽可绽放的时代！

我们不需要抱怨，我们也不需要借口。人类生而即为创造！我们的一生即为创造而活！没有创造，将永无所得，更会坐吃山空，直到灭亡。创造，是上帝和这个世界赐予人类最宝贵的精神和力量；创造，更是人类成就自身与这个世界最强有力的核心驱动力和保障。没有创造，就没有世间的一切；没有创造，更不会有人类的进步和发展。

创造，是一件多么快乐的事情。人们为创造而生，创造的人生，又是多么的开心和愉悦！

抛开那些陈腐和落后的观念束缚，砸烂那虚假的外壳和华丽的伪装，杜绝那没有任何用处和意义的所谓“关系”和局限。放开自我，拥抱世界，只留真诚、只留学习、只留创造。真真正正、干干净净全力以赴、专心致志、艰苦奋斗、全神贯注投入，我们何乐而不为？同时，我们又何事而不能？

立足根基，追求真知，勇敢创造。这就是这个时代的趋势和要求。这更是这个时代真理光芒的照耀力量和自然象征。

“独立之精神，自由之思想！”今天，我们的大学、我们的文化、我们的教育和我们每一个人，我想我们都应该深刻铭记，更应该时时沉思反省，并且不断真正用心去做，用心而为，全身心践行这一伟大的思想和真谛。

正如欧洲的文艺复兴和启蒙运动一样，中国要真正地实现崛起和复兴。那么，在这个全新的世界和时代，中国就需要实现思想和文化的繁荣，中国就需要开创思想与文化的引领，中国更需要大量真正创新创造的人才和更多卓越非凡理念的不断蓬勃涌现。

然而，事实又是如何呢？

2010 年 5 月 27 日，中国教育部公布了《二〇〇三年至二〇〇九年教育系统人才工作综述》，该文件透露我国每万人中高校学生在校生数由

2000 年的 72.3 人增加到 2009 年的 212.8 人，总人口中大学以上文化程度的超过 7000 万人，位居世界第二。

看到这个消息，不免让人心中油然而生一种敬佩和振奋，我们的大学以上文化程度的人数很多啊！但是，当抛开一些所谓的荣誉"排名"和华丽的外衣之后，当我们真正去勇敢面对现实并真正认真看待和仔细分析时，我们也许就会看到，甚至，不自觉发出这样的疑问：

我们的人才呢？

我们的教育质量呢？

我们的思想与文化发展呢？

我们总人口中大学以上文化程度的超过 7000 万人，那平均比例呢？

而且，我们每年数以百万计的大学毕业生，他们的学习和毕业后的工作发展情况又是如何？

我们不可否认，教育对社会作出的贡献，还有众多大学对社会的承担。但是，正如前文中提到的，在对众多世界 500 强在华跨国企业调查后所发出的"在一个拥有十三亿人的国家，物色有才华的人不应该如此之难"那个感叹一样，我们不禁要再次追问：那我们卓越非凡的人才呢？我们的大学培养和教育的那么多毕业生又在哪里呢？为何很多企业声称招不到人才或者不愿意要刚毕业的大学生呢？

如此一来，没有足够的人才，我们又该怎样去创新创造？我们又该怎样去引领文化？我们又能怎样去全面实现国家崛起与复兴？要知道这些青年群体，可是国家前进的未来，可是国家投入大量财力、人力和物力而为将来教育与培养的人才。

似乎，我们看到一个很奇怪的现象，或许是出于就业压力，抑或"其他"，越来越多的大学毕业生选择考公务员，甚至，哪怕数千人竞争一个岗位，很多人依然愿意一考到底，且以不管怎样只要能够录取为荣。

许多硕士和博士研究生亦是如此。其实，这是一个很不正常的现象，因为那种所谓“铁饭碗”职位其数量是很有限的，而且也不是一朝拥有就“一劳永逸”。真正的喜欢不喜欢且不说，还有最重要的适合不适合，更有众多人才资源的浪费和人才发展方向的偏离。没有将大量的智力资源投入到创新创造上，哪里会有更多的机会和平台？可以说，现实的功利色彩，加上这份人们心中的“美差”，使得很多人像跟风一样追赶着去做。

这种情况所折射出来的一种心态，不能不让人忧虑。很多人都想着去抢沾“油水”，没有更多人去主动发挥潜能、去深刻学习认知和创造，更不用谈真正地深入实践、探索。那么，这种情况，如何出人才？这种情况，又如何创造出社会更大的空间和更大的价值？更不用说如何创造出更优秀、更独特和更出色的思想和文化？

由此，世界诺贝尔奖的获得，在中国的现状，除自由的心灵外，这就是一个最有力的体现。

“为什么我们的学校总是培养不出杰出人才？”这个著名的“钱学森之问”，更是无比发人深省，深深击打并拷问着我们的内心和灵魂。

在这条不断反省与探索的道路上，尽管中国实施了“以创业带动就业”的一系列措施，但是，除一些实体的落地和操作外，我们看到，很多大学生，以实际能力分析和看待，又有多少能够真正做得到呢？

我们可以多赞扬，可以多鼓励，我们也可以多批评，可以多建议，但必须是冷静理性地看待和客观实际的分析。因为，这就是自信的中国，这就是清醒而智慧的中国！这也更是一个超越以往任何历史的兼容并包的时代！

没有人才，难以实现真正的崛起和发展；没有人才，更不用说引领时代的思想和文化。所以，国学大师陈寅恪老先生的那句话“独立之精神，自由之思想！”，今天，非常值得我们深思和反省！

这个时代需要一种思辨的思想，这个时代需要一种创新创造的精神，这个时代更需要中国一种非凡的气度和文化引领！

人才，是根基；文化，是新的引擎和动力。这一点，对于这个全新的时代，对于中国和中国创造而言，都极为关键和重要。

党的十七大报告中，明确提出，“弘扬中华文化，建设中华民族共有的精神家园。中华文化是中华民族生生不息、团结奋进的不竭动力。要全面认识祖国传统文化，取其精华，去其糟粕，使之与当代社会相适应、与现代文明相协调，保持民族性，体现时代性。”“加强对外文化交流，吸收各国优秀文明成果，增强中华文化国际影响力。”

“推进文化创新，增强文化发展活力。在时代的高起点上推动文化内容形式、体制机制、传播手段创新，解放和发展文化生产力，是繁荣文化的必由之路。要坚持为人民服务、为社会主义服务的方向和百花齐放、百家争鸣的方针，贴近实际、贴近生活、贴近群众，始终把社会效益放在首位，做到经济效益与社会效益相统一。创作更多反映人民主体地位和现实生活、群众喜闻乐见的优秀精神文化产品。”

“深化文化体制改革，完善扶持公益性文化事业、发展文化产业、鼓励文化创新的政策，营造有利于出精品、出人才、出效益的环境。”

“中华民族伟大复兴必然伴随中华文化繁荣兴盛。要充分发挥人民在文化建设中的主体作用，调动广大文化工作者的积极性，更加自觉、更加主动地推进文化大发展大繁荣，在中国特色社会主义的伟大实践中进行文化创造，让人民共享文化发展成果。”

仔细研读，这些国家方针政策和战略规划将会给我们带来非常大的启发和新的认知。

2010 年 5 月 25 日至 26 日，中共中央、国务院在北京召开的全国人才工作会议，国家重要领导人，更是全部到场。“胡锦涛发表重要讲话，强调要努力培养造就数以亿计的高素质劳动者、数以千万计的专门人才和一大批拔尖创新人才。”提出到2020年建成“世界人才强国”的目标。

由此，我们应该能够深刻感觉到国家对人才和文化的重视。

如果信心源自实力，那么，这种真正的自信，除了源自经济的实力与积累之外，在未来的道路上它更多地是源自智慧与文化的自信。

中国文化，博大精深，源远流长，需要我们不断挖掘、继承和发扬。同样，世界文化，更是无限广袤而深厚，需要我们多多学习、借鉴和吸收。

今天，站在中国与世界历史的角度反观之，经济的发展和兴盛，离不开文化的强大与繁荣；同样，文化的反映、积淀、激励和引领，更将影响和促进经济的活跃与昌盛。文化，作为一种特色代表和国力象征，它给整个世界展示的就是这个国家或民族一种卓然超群的思想和理念，同时，更是一种非凡无比的智慧与才能。

今天，创新创造，这已是这个时代的主题，更是中国未来的必然之路！立足自身文化和语言根基，学习并借鉴世界先进理念，探索新的思想和文化，这是历史的需要，更是中国崛起与复兴，更有强盛的需要。全力创新创造，引领中国非凡智慧和深刻真知文化，未来的世界，我们应该如此，我们更坚信：我们能够做到！

注重信誉 Credit

中国有句传之千年的古话：“人无信而不立”。伟大的思想家墨子也曾说过：“志不强者智不达，言不信者行不果”，说的就是这种：“诚信、信任、信用和信誉”。

注重信誉，相信无论对于我们为人，还是对于我们处事；无论对于国家，还是对于法人团体或企业公司，在这个全新的时代，它都将是非常关键和重要的一环。

在中国优秀的传统文化和道德中，向来都极为讲究：“掷地有声”“一诺千金”。甚至更是深入到中国独特的“情义”之理中：“君子一言，驷马难追”，“君子喻于义，小人喻于利”。亦有：“小胜凭智，大胜靠德”，“才者，德之资也，德者，才之帅也。”信已上升到仁德和做人品质的高度，为人处世者，德信先行。可见，人们对“信”的重视。

其实，不仅在中国，即使在全世界，人们对于“信”字，都极为看重。尤其在市场经济和商业文明社会，更不用谈更高的发展层次。

如果一个国家，没有信誉，那么，国将不国；同样，如果一个企业，不讲、不懂甚至根本没有信誉，那么，这个企业必将灭亡，或者顷刻间毁于一旦。就像希特勒的一切谎言，最后被戳穿。

不懂真正的信誉，一时或一事，博得小利，或者暂时能够得意取胜，甚至获得油水肥厚、盆满钵满，但这永远不会长久，无论他们自认为多么聪明，失败是他们必然的结果，历史的事实一再如此证明。相反，真正懂得并注重信誉，即使在眼前不一定那么得势或得利，甚至，有时会吃很大的亏，但从长远来看，这种对信誉的执著坚持，还有那种持续不断、坚持不懈地自我改进和努力，必将会获得众多口碑好评，更会收获累累硕果。看看世界上那些最久负盛名、最卓越伟大的企业，他们的发展和成果，会让我们对此更加肯定。

“修合无人见，存心有天知”，这个创建于中国清朝康熙八年（1669年），一直秉持这一宗旨理念并声名远播的北京同仁堂药店，就是一个极有力的明证。它以其历经数代、载誉300余年，品质始终保证，如今已发展成为跨国经营的大型集团公司的事实和成绩，做了一个非常好的示范。

如前文中所述，2010年5月24日，《福布斯》公布了2010年度“全球最受尊敬企业排名”。在28家全球企业上榜榜单中，中国公司无一入选。

在此，我们更应该深入的去看看那些世界级跨国企业的发展、看看外界对他们的评价和分析，也更应该多多自我反思和学习。

“从谷歌（排名第一）到大众（排名第十），这些企业凭着外界的信任和赞赏获得了自己应有的名誉。当首席执行官们准备建立具有良好声誉的企业时，大多数的人都会选择本国做起。如果他们成功了，企业秉承的强有力的商业惯例和商业价值将会被传承到海外的分公司。

当企业在本国更有影响力，业务更加国际化时，创建一流的信誉是非常关键的。对于一些公司来说，这将是成败的关键。”

虽然这些企业受到高度评价的侧重点都不一样，但是，当我们认真和仔细的去分析，我们可能就会明白和深思：

为什么这些企业会受到如此尊敬？

为什么中国的世界级和伟大企业比较少？

除了一些所谓外在“名分”之外，中国企业又具备什么？

真正发自内心的尊重和评价、赞同与认可的这种程度，在人们心中究竟又是怎样？

中国企业要真正受到世界上尊敬并重视的内在与根本，又在哪里？

这些非常值得我们去深入地、全面地自我审视、自我反省，这些更是对未来之中国与中国创造提供了一个极为重要的参考。

这种结果深刻地告诉我们，任何时候下，信誉都不可忽视；同样，任何情况之下，信誉都必不可少。

创新创造，需要信誉！做大做强，需要信誉！真正赢得尊重的内在与根本，更需要信誉！这种信誉，是一种真正的信誉，是一种由内而外真正的实力展示；这种信誉，更是一种品格，一种追求真知和卓越的品格。唯有这种真正的信誉，方可赢得真正的尊重；也唯有这种真正的信誉，更方可成就最真正非凡的未来！

信誉，是一种形象，是一种人们的赞誉。

其实，信誉，不仅仅指这一种外在的名誉。真正的信誉，更多的是源于一种内在，源于一种品质，源于一种精神，源于一种理念。

悟透实质，它不是某个“证书”，它不是某种“虚名”，它更不是那些多少有些滑稽的所谓“驰名”或“免检”，它根植于一种真知，根植于人们的内心。最终的事实将会很快给人们一种最强有力的明证。永远不要怀疑和低估人民群众的智慧和力量，时间与历史会给出考量结果。

真正的信誉，包含着勇敢“担当承诺”。信守承诺，信守对他人的承诺，信守对社会的承诺，更是信守对自己的承诺，信守对家人的承诺，信守对未来的承诺。

信守承诺，就是要严于律己；信守承诺，就是要坚定自信。信守承诺，就是要兑现承诺；信守承诺，就是要高质量、高品质，更是要真正实现承诺。

注重信誉，就要注重“顾客”和“对象”；注重“顾客”和“对象”，就是在注重自己。“顾客，是上帝！”“人民，是父母！”无论国家，还是企业；无论是社会，还是个人，你不注重你的“顾客”和“对象”，注定无法长久生存，甚至会导致灭亡。因为，你根本就不懂重视你自己。你不注重你的“顾客”和“对象”，那么，你的“顾客”和“对象”，同样不会真正注重你！尊重是相互的，注重信誉，就要注重你的“顾客”和“对象”。

真正的信誉，其实是一种责任；真正的信誉，其实更是一种使命；更是一种品格和修养。

注重信誉，注重这种优秀传统文化根基的思想和理念！注重信誉，注重人生！

加强交流 Communication

语言和文字是人类自己的创造。

感谢世界赋予人类这最独特的才能与创造！

只有人类才具有真正的语言，它是人类最主要的思维和交际工具。

探索与好奇，促进了人类与世界的联系；沟通与交流，是我们人类存在的根基，更构成了人类与这个世界最奇特而完整的有机统一。

语言和文字的诞生，沟通与交流的传递，终能跨越一切阻隔，这是人类最伟大的创造和奇迹！

哪里有沟壑，哪里就会有桥梁；哪里有阻隔，哪里就会有道路；哪里有江河湖海，哪里就会有舰艇船舶。

可以说，人们对于沟通与交流的探寻和渴望，自人类诞生以来，从来就没有停止过。从简单的肢体动作传情，到磨刻与结绳记事，再到语言文字的诞生；从古老的烽火狼烟、击鼓传声，到快马奔驰、驿路信使，再到各路交通和报文书刊，以至后来的汽车、舰船、飞机和电波、电话、电视，以及今天的手机与网络，还有未来的多功能高科技机。渴望群体之间的相互联系，渴望信息和心灵的畅通传递；渴望更快捷、更方便和更精密、更准确、更高强的沟通与交流，人们一直在孜孜不倦地探索与追求。

“把信送给加西亚”，“愚公移山”，中国古代的“丝绸之路”，尽管这些都已属于过去的历史，但这些故事和他们所传递的事实，从另外一种层次来说，反映的是人们终要战胜一切艰难险阻，取得联系，更是深刻地体现着人们对于沟通与交流的无限渴望和不懈追求。

物与物的交换，进化演变，成就了今天卓越的商业；而心灵的沟通与交流，更是不断深化，从而成就了今天伟大的思想和文化。物质与精神的共同作用，相辅相成；尤其是思想和文化的不断沟通与交流，经过不断考验、酝酿、积淀、洗礼和升华，更是一直强有力地推动着人类社会的发展、前进。

正如哲学家所提到的那样："你有一种思想，我有一种思想，大家交流一下，就会变成两种思想或者更多的思想和认识。"真正的沟通与交流，不是失去自己的所有，而是经过多方思考碰撞后将会产生更多更光明的思想火花和智慧力量。这是一种共同的学习、成长和进步，沟通与交流，成就了人类自身，也成就这个世界！其重要性，自然不言而喻。

相反，如果你沉默，我也沉默，或者根本不愿或不懂沟通与交流，那么，将会带来怎样的结果？误解、埋怨、仇恨，甚至战争，这些我们都可想而知。有一句话说得非常好："这个世界，如果人们能够多一些沟通与交流，那么，将会减少多少人间苦难和悲剧。"

珍惜这种沟通与交流，珍惜团队共同凝聚合力的机遇，坦诚相待，尊重彼此；一如我们中国真正在国际舞台上所展示和倡导的："求同存异，共同发展！"立足自身根基，共赢前进！这是一种智慧与共识，更是一种人类与世界的真知。

我们永远不可否认，有时争吵与辩论都是徒劳，我们也永远不可否认"沉默是金"的力量。但是，真正良好和出色的沟通与交流将会消除徒劳、消除猜疑、消除误解、消除怨恨，甚至消除战斗。同时，真正良好和出色的沟通与交流更必将赢得信任、赢得尊重、赢得共识、赢得未来和发展。

真正的沟通与交流，一如茫茫黑暗中的灯塔，更如那照耀在大地上滋润万物生长的阳光，它点亮生命与心灵的旅程，照亮我们人生与未来前进的美好方向。

加强交流，善于交流；上下不断沟通与交流，平行不断沟通与交流；历史古今不断“沟通与交流”——反思学习，国际内外不断沟通与交流。

这样的世界，大家相互认识和理解，就会少一些冲突、对立和战争！

这是一个全新的时代！这个全新的时代，需要这样一种全新的思想、理念和方式；这个全新的时代，对于人类与世界，对于中国和中国创造，我们更需要不断相互学习、了解、沟通和交流，各方齐探讨，世界共繁荣。

不仅国家如此，企业、社会、团体和个人更应如此。这是一个凝聚团队和合作共赢的时代，这更是一个需要不断全面学习和共同发展的时代。沟通与交流，将是这个时代最主要的主题，更将为这个时代和世界，提供更大的动力、自由和空间。

互通有无，连接所有，优化组合。真正的沟通与交流，将如在鸿沟上方架起一座座桥梁一样，战胜艰难与阻隔；同时，真正的沟通与交流，也将更如推压器和加油站一样，让人们排除一切干扰与压抑，增强自然润滑和无限动力。开放胸怀，敞开气度，有礼有节，坦诚尊重；同时，信息传达，资源共享。这种沟通与交流，我们每个人都真正需要。这也正是今天我们中国，更是全世界加强沟通与交流、建立长久互信与友好伙伴关系所必须用心做到的。

这个世界上任何东西，都不是永远神秘和诡异的，只是缺乏沟通和交流；同样，这个世界上任何事情，都不是永远盲目和未知的，缺的就是真正的追寻和探索。

越是艰难的时刻，就越考验我们的心智；越是最难熬的时光，就越磨炼我们的意志和耐力；同样，越是最迷茫、最痛苦、最挣扎、最难以抉择和确定的那个关键点或那段岁月，就越是洗礼、涤荡、刺痛并深深考量着我们的品格、胸怀、毅力、品质、信心、理想和灵魂。

沟通与交流，让我们能够更清晰地看清方向；沟通与交流，让我们能够更加全面地明白事理。正是沟通与交流，让人们增加了更多的知识、能力、神奇和创造；也正是这种沟通与交流，让这个世界联系得更加紧密，让我们的人类与世界变得更加美好。

放开心，多一些沟通与交流，我们可以倾诉，可以吐露心声，可以交谈发泄，更可以重获心灵更大的空间、释放心中更多的痛苦和压抑。排除杂念，少一些顾虑，积极主动，多一些沟通与交流，我们将会获得更多的认识和成长，我们也会获得更大的释怀和全然不同的新生。

在这个全新世界和时代，我们需要加强沟通与交流，需要更加强化这种努力和学习。

在前进的道路上，加强沟通与交流，我们就要懂得"Comprehend"——理解领悟。理解，是前提，领悟，是升华和认知；沟通与交流，离不开理解之心、领悟之感，我们理应学会这种理解领悟的方法和技艺。只有真正理解了，才能发自内心尊重彼此；也只有真正深刻领悟了，才能共同启发和升华。沟通与交流，是相互的，也是自我认知的；而那种全方位、多层次，高效率、高质量、高要求，还有大环境、立体性、综合性的对整体把握与掌控，更是如此，深刻认知，全面沟通与交流，将更为重要。所以，真正沟通与交流好，做到理解领悟并且能够清晰认知和明确到位，这一点，非常关键，且必不可少。

加强沟通与交流，我们还要懂得"Contact and Connect"——联系与连接。正如鲁迅先生所说："其实，地上本没有路，走的人多了，也便成了路”。这种“路”，其实就是一种最好的沟通。它是一种双方或多方的联系，它是点与点之间的连接。中国有句俗语：“要想富，先修路。”路，使人们能够更好地联系，互通有无，连接成一个完整而有效统一体。“路”，拉近了人们心中的距离。所以，人们内心一直渴望的联系与连接，构成了这种全新的“道路”。这种“道路”，畅通无阻；这种“道路”，更可以使所有间断与隔阂，最终皆“天堑变通途”。无论是陆、海、空，还是人、世界和心灵，联系与连接，畅通了资源、信息和道路，成就了这个世界更好的沟通与交流。

加强沟通与交流，同时更要注重“Convey”——传送表达。自然流畅传送，自由合理表达。良好的沟通与交流，是一门精湛的艺术，若真正传送好，将会收到非同凡响的成就和效果。倘若环节受阻或无知及腐烂掉，从而导致难以连接及连接不当，那么，最后的结果，也实属难料。道路拥堵，易酿车祸；河流阻塞，更易崩堤，直至形成更大的冲击。恰如美丽城市中下水道的长时间堵塞、甚至涌出，其情况大家更是可想而知。我们坚信：我们每一个人真的都应该如此深刻反思！

正如唐朝大臣魏征在《谏太宗十思疏》中所言：

“臣闻求木之长者，必固其根本；欲流之远者，必浚其泉源；思国之安者，必积其德义。源不深而望流之远，根不固而求木之长，德不厚而思国之安，臣虽下愚，知其不可，而况于明哲乎？人君当神器之重，居域中之大，不念居安思危，戒奢以俭，斯亦伐根以求木茂，塞源而欲流长也。”

所以，在这个全新的时代，我们必须拥有全新的理念和思路，一如河流与渠道，传送与表达，皆宜疏不宜堵。堵，则停，而后积多生崩；疏，则通，而后不断完善改进、顺畅亨通。所以，我们每个人都应疏通好，正确传送表达好！清晰明确其内涵与本质，合理传送情感、表达主旨和心声，这是一种内在品质的体现，更是一种雄厚实力的展示。优秀、真诚而正确的传送表达，更容易让人理解、让人真正认知、让人真正体会和尊重。良好的传送与表达，让我们与众不同，更多的沟通与交流，让世界倾听到来自中国的心声。

沟通与交流，是我们人类的需求，更是我们人与生俱来的本能。

读万卷书，行万里路，阅历无数。这将是人们达成对内对外沟通与交流的一种至高的心境。同时，更可以超越，即如中国几千年文化大智慧中所说的“天人合一”，“与自然万物同构互生，相通交融”。所以，多一些沟通、交流和学习，多一些与人们自身和世界的传递、对话，相信这个世界将会变得更加自然、和谐、友善、美好而精彩。人们之间、团队成员、企业、家庭、社会、民族、区域和国家，莫不如此。很难想象，如果没有沟通与交流，这个世界将会变成什么样。人类经过亿万年的沧海桑田之后，又将会是如何的一种景象？更不可想象，那种情况下，我们心目中还有没有阳光、信心、信念、希望和力量。

真诚的沟通与交流，是一种气度，是一种胸怀。真诚的探讨与表达，是一种魄力，更是一种真知和最美的心地。中国与中国创造需要如此，世界和世界共同创造，更需要如此。

面对这个全新的世界和时代，用智慧与心灵真正去理解和表达，以更多的谦逊和学习不断加强沟通与交流，未来，我们与世界一路前行！坚信：我们一定可以引领这个最非凡的时代，更能够开创中国与世界最独特而全新的未来！

把握机遇 Chance

时光飞逝，时不我待！

历史的车轮如滚滚长江东流水，匆匆而过；流金岁月，更如清风从指尖轻轻划过，当我们正在慨叹、留恋、沉醉或者埋怨不休之时，它已悄无声息地消逝，飞速流转，一去再不复返。人生与生命，都是如此，永远来不及等待。

都说“时势造英雄”，但“英雄也可造时势”！历史发展到今天，以它非凡的事实和力量不止一次地在给我们强调：抓住机遇，坚实努力；珍惜现在，把握当前！

这是一个全新的时代，这是一个全新的世界和未来！那么，在这个全新的时代，中国与中国创造，能否强有力地把握住这个无比关键和重要的机遇？中国与中国创造，又能否赢得全新的自己？能否赢得全新的世界和未来？

我们拭目以待！

在此，时光最为宝贵和重要。我们坚信：在这个全新的时代，无论对于中国和人民，还是对于世界与未来，中国都已经迎来一个涣然一新的，同时也是最独特、最关键和最重要的创新创造的历史机遇期。中国正在复苏和觉醒，世界正在盼望和期待。

在中国，有句古话：“修身齐家治国平天下”，这是一种生活；“穷则独善其身，达则兼济天下”，并懂得“韬光养晦”，这也是一种生活；“风声雨声读书声，声声入耳；家事国事天下事事事关心”，这同样是一种生活。在推动历史的前进中，他们的力量都非常的巨大。相对于顽固保守，积极的力量，更容易突破和开创，且更有利于新生；同样，相对于过分激进，稳健的力量，更容易保证稳妥和坚实。这其中，最主要的就是把握好与时代和历史机遇的同向性。

而在今天，这样一个全新的世界，人民的呼声，世界的期盼，都要求中国必须把握住这个创新创造的时代和机遇。敞开胸怀，向全世界学习；海纳百川，坚定果敢。不断沟通，真诚努力，让世界，耳目一新！这个时代，需要这样的中国；这个时代，需要中国与世界全新的开拓和创造！

当你勇敢地向世界微笑，全世界都会为你而微笑。你给别人什么样的感觉，别人就会对你有什么样的感觉。真诚与自然，是相互的；公平与正义，是努力争取的。当权力和事实在阳光下运行，所有的猜疑都会烟消云散，不再“高高在上”或“神秘”。人们全力挖掘自身潜能和提升素养，社会高效运转，政府清廉公正，外交泰然自若、稳健坦诚，如此，立足自身根基，成就雄厚实力，这一切对中国与中国创造，将不再是任何问题。时光易逝，把握这个新时代的机遇，需要我们自身全力争取。

这个时代的中国，需要自我改变。这个时代的中国，结合自身特色，与世界共为一体。勇敢站立，把握机遇，创新创造，引领中国与世界共进，这是中国新的方向和目标，更是中国未来真正的价值和意义。相信：无论对于中国自身，还是对于未来世界，这都将是一个事实，是中国必然的趋势，更是中国一以贯之的主题。

然而，对于中国，要想真正把握住这个时代的机遇，也绝非易事。中国还有很长的一段路要走，在政治、经济、社会、文化、教育、科技、医疗、卫生、体育、艺术等方面，中国还需要作很大的提升和努力。但是，中国决不会停下勇敢探索和前进的脚步，必将坚定而有力地抓住这次全世界最重要、最难得的战略发展机遇期，绝不拖延！因为自强的中国深刻懂得历史的教训，并非常明白机遇和实力的重要。得势者，得天下；误时机，误未来！只有真正赢得机遇和实力者，方可赢得世界与未来。

把握机遇，哪怕只有万分之一的机会，有时我们也绝不放过任何可能。因为时机，尤其在关键的时刻，就是战机，就是人们的生命。在战争历史和中国汶川大地震中，我们深刻明白这一切。

我们的国家如此，我们的企业、社会，我们的人生，更是如此。

世界著名的苹果公司，正是这样一个值得学习的典范。企业不断革新、不断抓住机遇，牢牢把握先机，乘势而上，苹果赢得了世界诸多的赞成和好评。而带领他们卓越发展的CEO——乔布斯，更是这样一个人，他曾有过因生病而与死神擦肩而过的经历，所以，他更加珍惜时光和机遇。这段经历，也深深地烙在了乔布斯的心底：一想到明天就可能死去，那所有的发明创造就都得赶紧，可不能再耽误时间了。

一如中国古诗中的那首《明日歌》所说："明日复明日，明日何其多，我生待明日，万事成蹉跎。"更应切记："少壮不努力，老大徒伤悲。""莫等闲，白了少年头，空悲切！"

把握生命时光，把握历史机遇！

这是一个创新创造的时代！这是一个用真正实力缔造非凡和奇迹的时代！勇敢开创，不断探索；自由而尽情发挥，乐观积极而执著。机遇，永远偏爱那些珍惜时光人，更永远偏爱那些有准备的头脑。

无论年龄大小，无论职位高低，只要是创新创造，永远都是"有志不在年高"。坚决抛弃那些所谓的、冠冕堂皇的"资历"，坚定抛开那些愚昧而可笑、落后而又无用的且“洋洋得意”的所谓“关系”，尽全力不要浪费那些无谓的心思、时间、光阴和精力，如柏杨大师所说，摒弃那些无谓的内耗和肮脏的“耻辱”与“丑陋”，真诚、努力，提升品格、修养和实力，这才是真正的根本。

世界需要实干，需要尊重自然、脚踏实地。中国需要创造，需要觉醒和奋起；中国更需要亿万人民不断挖掘人类自身潜力，不断勇攀科学高峰，不断创新创造，不断开创更大的未来和空间。让真理的光芒照耀，让客观规律的光辉指引，人们不断提升人文气息和综合素养，让世界不断分享共同创造的成果和力量。这才是永远受人敬重的，全新时代的中国！

激发活力，真正实实在在的行动，少一些无知、愚昧和落后，多一些心灵的真诚和安宁。一个国家或民族，如果不能不断改进或人才不能脱颖而出，那么，这个国家或民族，将没有任何前途和希望。中国那百年耻辱的前车之鉴已是一个明证。而一个真正强大的国家、团体或个人，他需要的是真诚坦率的充分发挥每个人和自身的潜力，从而凝聚合力，共同创造和拼搏。这一点，世界古今许多著名的历史事实和国家地区，都非常值得我们今天反思、借鉴和学习。

真诚而脚踏实地的努力，不断地积累历练，切实地付出和准备，这才是把握机遇的先机和根本。否则，即使真正的机遇来临，也只能望洋兴叹；哪怕侥幸抓住这种情势，也终难有力驾驭。恰如明朝翰林学士解缙所描述：“墙上芦苇，头重脚轻根底浅；山间竹笋，嘴尖皮厚腹中空。”真正的事实胜于雄辩，时间和历史终将见证一切。

“自古英雄出少年”，“少年智，则中国智”“少年强，则中国强”，“闻道有先后，术业有专攻”！每个时代，每个阶层，更有每个人都各有突出，各有所长。只要是独立之精神，自由之思想，相信他们都会拥有无限的创造激情与活力。新生的力量，闪耀着不同凡响的智慧和光芒，他们遵循科学真理与客观实际的指引，必将势不可挡！

“世上无难事，只要肯登攀”，人生永远都是一个不断学习和奋斗的过程。所以，我们更多的人需要更大的气度和胸怀，需要一种超越的眼光和认识，给新生以力量，给年轻和有才能的人们更多一些梦想和空间，给他们以正确的引导，让他们自由地发挥和成长，因为，这些是新的动力和希望，他们是成就未来真正的支柱和力量。

活到老，学到老。不断积累和学习，知识不分资历学历，智慧不分年龄高低。古语云：“只要工夫深，铁杵磨成针”，“宝剑锋从磨砺出，梅花香自苦寒来”，所以，我们只须开阔心境，不断历练和学习。这些古训和真知，若透悟其理，至今都非常值得我们深思和借鉴，定是受益匪浅。

十年磨一剑，几多艳阳天！经过多少苦练，我们才能达到这样的层次和境界。正如世纪老人冰心所说：成功的花，人们只惊羡她现时的明艳。然而当初她的芽儿，浸透了奋斗的泪泉，洒遍了牺牲的血雨。确是如此，任何一个收获，都是经过艰苦的付出；任何一个美好时刻的到来，都是经过无数的磨难、考验、积淀和历练。所以，我们更要充分准备，真诚付出；同时更要能够不断去粗取精，去伪存真，在前进的道路上勇敢进取，不断努力。

这样的中国，才是充满无限动力和活力；这样的中国，才能真正抓住时代机遇。

中国与中国创造，把握机遇，赢得未来，需要具有强烈的好奇求知。好奇，激发着我们的兴趣和动力；求知，让我们明白事物的原理和本质。强烈的好奇求知，激励着我们不断地探索和学习。同时，强烈的好奇求知，更会让我们感觉到每一天都是一个全新的开始，每一天都有全新的认识，重点抓住关键信息，深入探索研究，以开放的胸怀和眼光看世界，以精准而缜密的思维去探讨，这样不断学习努力、日积月累，向理想和目标靠近的同时，无形中，已做好最充分的准备。强烈的好奇求知，不仅可以让人们把握机遇，还更可以让人们在不断追寻积淀和提升发展的基础上，创造更多的平台和机遇。

中国与中国创造，把握机遇，赢得未来，还需要具有极度热爱的疯狂精神。如果说兴趣与爱好，是我们前进的动力，那么，极度热爱的疯狂精神，就一定是一种让人猜不透的魔幻魅力。纵观古今中外，任何一个人，要想成就任何一番事业，必须有高度的投入，极度的热爱，就像一种痴迷和疯狂。“不疯狂，不成功!”这几乎是一种有点滑稽的共识，就像牛顿对万有引力定律，爱因斯坦对相对论，爱迪生对发明，诺贝尔对火药，这种高度的热爱，极度的专注，无数次的忘我试验和投入，在普通人的眼光看来，这真的是一种不可思议的“疯狂”，甚至是一种“愚笨”和“神经病”似的行动。最终，是他们用自己的研究成果和成就，证明了他们所探寻的一切，更证明了自己。

历史和时代的机遇，属于他们，他们也因此而改变了整个世界。人物如此，国家、社会和企业，亦是如此，正如二战后的德国和日本，以一种不可思议的“疯狂”，创造并向全世界展示了最不可思议的奇迹。

中国与中国创造，把握机遇，赢得未来，还更需要能够开发创造力。创造，不是一种想当然，更绝非易事，它需要一种创造力。机遇，不是想来就来，更不是随叫随到，它亦更需要一种创造力。有创造力的人，更易成就未来，同样更易把握时代和机遇。这种人类的创造力需要不断的培养、开发和学习。这种创造力，也包含了自由、独特和新奇。它造就了这个非凡的世界，成就了人类一切的未来和奇迹。新的时代，创造力开发和教育，是一种全新的领域，它是一种完整的科学体系和课题。中国，需要在未来，不断地探索和完善。

把握机遇，赢得未来，中国与中国创造，需要全力以赴抓住这个最关键的机遇与时期，主动出击，强化攻坚和战斗，赢得世界和时代的先机，成就坚实根基和雄厚实力！

抓住核心 Core

在这样一个全新的时代，在这样一个全新的世界和未来，中国与中国创造，最重要的是什么？

同时，着眼全球，深刻反思：

中国，自身真正具备什么？

中国创造，凭什么去做到？又如何去做到？

中国与中国创造，究竟怎样才能真正实现自我与外在突破？

中国与中国创造，又该怎样才能真正实现竞争共赢？更是又该怎样才能真正开创并超越全新的世界与未来？

求解这个完整而系统的答案，在这条新的征程的大道上，需要不断全力探索与思考的还很多。但有一点是非常清晰和明确的，那就是：抓住核心和关键！

哲学的原理，告诉我们：事物的性质由事物的主要矛盾和矛盾的主要方面所决定的。所以，看待任何事物和发展变化，我们都要能够真正抓住主要矛盾和矛盾的主要方面，透过现象看本质，抓住核心和关键。

"一叶障目，不见泰山"，看树木之用，我们要看主干；看建筑雄伟，我们要看支柱，此亦是抓住主旨和主题，抓住特色关键和核心重点。切不可因一时一点混绕或表面复杂乱象，而迷失或看不到前景和方向。我们应时刻保持这种对客观世界与真理认识的清醒和理智。

当前中国的发展需要如此，未来中国与中国创造的趋势和把握，我们更是如此。

今天，在中国的企业，在中国的社会团体，甚至我们每一个个人中，如果我们去深刻反省和追问，我们或许马上就会很彻底明白：

我们是什么？

我们有什么？

我们为什么？

世界给予我们什么？

我们能给世界什么？

我们到底能做什么？

我们究竟又该怎么做？

同时，更进一步，更直接和具体一点来讲：

我们如何立足生存？

我们怎样竞争发展？

我们的特色在哪里？

我们的核心技术是什么？

我们未来的方向和趋势是什么？

世界的核心与根本是什么？

我们到底拿什么来真正相信并成就自己和雄厚实力？

我们终究又能拿什么、更能凭什么真正赢得全新的世界和未来？

这一系列的问题，深深地拷问着我们，更是深深地击打着我们的内心和灵魂！

我们已迎来一个全新的时代，更是一个全新的世纪。我们需要创造，我们渴望创造，我们能够创造！我们庆幸我们能够这样去反思，我们更庆幸未来有一天我们终可以真正做到！

因为，这是一个全新的时代，这是一个全新的中国，这更是一个我们可以全力去开创的全新的世界和未来！

时光荏苒，机遇难得。“立足自身根基，把握当前眼下；放眼世界与未来，抓住核心与关键”，相信人们一定能够深刻领悟并真正做到。

抓住核心与关键，实际上，是艰苦探索和磨练的过程，因为，它是“创造”之根，是“创造”之魂，它决定着事物的性质和本质。一如在最残酷冷血和无比惨烈厮杀的战场，掌握那最强有力的“秘密武器”和“杀手锏”。更如美丽的蝴蝶在经过痛苦挣扎和洗礼后，破茧而出，“羽化升仙”。想想如此，要想真正的抓住核心与关键，“若非一番寒彻骨，怎得梅花扑鼻香”，刻苦历练，彻底坚决，脱胎换骨，而后方可重生。

掌握核心与关键，我们才能更具实力，同时，拥有这种核心与关键，我们才能更具未来发展动力和潜力。恰如鱼得水，游刃有余；更似飞鸟自由翱翔，灵活驾驭，核心与关键，赋予了我们这样一种独特而卓越的力量。

在今天科技与创新的时代，在今天知识与信息飞速发展的时代！紧紧抓住并且不断开创核心技术与特色关键，这正是“主题”和“主体”，更是“要义”和“重点”。核心之核心，重中之重，其中道理和情势，自可思量。

世界经济和科技飞速发展，人们更需不断的努力学习和进取。这个时代，信息科技，让电脑变得非常重要，整个世界和人类的生活与联络，开始了一种全新的以网络和未来随时随地即可多功能探讨为中心的独特的品味方式。对于同一时空的中心和主题，我们能够深刻分析，坚定找准真正的支柱和基点；然而，对于这种不断更新的中心和主题，我们又该如何把握？我们又该怎样理智清醒的去做？在这个全新而多彩的时代，我们能够更出色而非凡的去开拓和创造吗？

世界与人类社会，无时无刻不在发生着深刻的变化，甚至急剧的变革；创造与发展，改变着我们的世界和人类，这是时代和历史的必然。我们要抓住的就是那种最根本、最重要的核心和关键，无论任何时候，无论情况怎样变化，我们都坚决要做到这一点。

所以，能够真正与时俱进，不断开拓创新，并且始终全力把握我们最根本、最重要的核心，那么，面对未来的前进和发展道路，我们必将可以不断强化实力，真正做到永立不败之地！同时，相信我们也必然能够取得更大的突破和成绩，创造无限的可能和奇迹！

积极贡献 Contribution

换一种眼光看世界，或许我们马上就会豁然开朗。

换一种心态，换一种心境；换一种场景，换一种心情。阳光而微笑着改变，世界都会因你而改变。

这一切，都会让我们有一种全然不同的感觉和认识。

这个世界，因努力和进取、付出和奉献而变得更加多彩和美丽。

这个全新的时代，中国与中国创造，需要付出，需要收获，更需要我们全力投入、积极贡献！

没有付出，哪有收获？不经历风雨，怎么见彩虹？“天下永远没有免费的午餐”。正如爱因斯坦所言：“人生的价值，应当看他贡献什么，而不应当看他取得什么。”这才是真正的核心理念和价值。一个人如果要获得人生更多的财富和价值，那么，他就要为这个世界创造比之更大的财富和价值。

然而，很多时候，人们总是不能明白这样一个深刻的道理。只想索取，不想奉献；只讲收获，不讲付出。他们只看重自己的功劳，只想把这个世界最“有限的资源”拼抢争夺，完全据为己有。殊不知，无形之中他们已经失去更多，他们看不到那片森林，看不到其实更大的“世界和未来”，甚至，最终迷失自己的心灵和方向。

付出与收获，索取与奉献，是相辅相成的一对，它们一起构成这个世界完整的循环系统和矛盾的对立统一体。老子说，有即是无，无即是有；有为便无为，无为而无不为；因此，要有所为，有所不为。这些看似自相矛盾的观念，其实恰恰正是“道法自然”的客观真理和实质规律。

人，就是自然的一个组成部分，是地球的一分子，是自然界的一朵奇葩。感谢世界赋予人类一种思想、语言和智慧，感谢自然与人类“创造”的力量！

来自自然，回归自然；从无到有，从有到无；人的一生，即是如此。人类在开创并作用自然与世界的同时，也是在开创并作用我们自身。感恩一切，珍重所有，珍惜难得！

在这世界上，奉献的人生，是最美的，它让真善美永存，让爱永恒。尽管有时付出不一定有收获，奉献更不一定有回报。但是，真正的贡献，根本不会因一个人的坏而否定整个世界；真正的贡献，是发自内心深处的爱，是对这个世界与人生真正的感恩、透悟和深懂，更是一种对这个世界与未来更大的激励和创造。

任何收获和成功，在这个世界上都不可能完全是一个人的事情。不管功劳大小，收获多少，它一定来自各个方面的努力和付出，或者是建立在一定基础之上，它实际上是源自一种共同的作用和结合体。这是一个客观事实。

积极贡献，不是一句简单的空话，更不是一种无谓的形式，它需要我们有这种深刻真知的认识，需要我们大家共同的努力付出。

积极贡献，事实上，不仅能够让我们收获更多，而且还会让我们创造更多。它开阔了我们的视野和胸怀，它点亮了生命的希望和明灯；它让我们的内心感到无比的温暖和欣慰，它让这个世界充满了友善、关爱和真诚。积极贡献，激励着奋勇前行的人生；积极贡献，让生命的尊严更值得敬重。

积极贡献，创造无限价值！

在这个创新创造的时代，我们永远不要忘记：积极贡献，这一人类重要而伟大的精神、思想和理念。

多多贡献，多多创造；然后，再多多创造，多多贡献。贡献，是为这个世界，也是为我们自身；贡献，为我们自身，更要为这个世界。贡献更多，创造更多；同时，创造更多，为世界做贡献也就更多。

“再没有心的沙漠，再没有爱的荒原，死神也望而却步，幸福之花处处开遍”，“只要人人都献出一点爱，世界将变成美好的人间”——“这是心的呼唤，这是爱的奉献”，真是非常感动于这首心灵之歌，真的渴望永远“让世界充满爱”，“爱满人间”，更多的人都能够积极贡献。

当我们还在那里无谓争吵，当我们还在那里不停埋怨，我们可曾想到，那些还生活在饥饿和贫苦边缘的孩子？我们又是否想到那些挣扎在战争和灾难生死边缘上的人们？

就像中国那些生活在水深火热、饥寒交迫，哭天喊地、生死未卜，茫茫无边且最黑暗的抗战岁月，那种迷惘，那种绝望；那种凄惨，那种痛苦；那种孤独，那种无助；那种践踏与拷打，那种刺心和煎熬。这些，今天我们可曾想到？

我们真的应该永远铭记和景仰，那些为人类正义和和平事业而献出宝贵生命、坚定勇毅的铮铮铁骨与凛然正气。同时，我们也应该感谢并尊敬今天那些博爱、慈善和宽厚的团体与个人。正是那些大爱无疆的慈善事业，正是那些仁慈宽厚，那些支持帮助，那些发自人们心底的关爱，让这个世界充满了真情、温暖和感动。这一切，真的无比感谢世界，感谢人性的光辉！真正的贡献与付出，真正的慈善与帮助，源自内心深处，源自真正的爱与感恩行动。

古语有言：“莫以恶小而为之，莫以善小而不为”，这是我们内心深处的拷问。所以，在今天，我们更应该能够明事理，懂真谛，防微杜渐，慎独律己。以此创造人生更大的价值，全力为人类、为社会积极做出更大的贡献。

此刻，让我们衷心地感谢那些用心贡献和为慈善事业而永远不断努力的宽厚仁慈的人们，让我们恭敬的并且完全发自心底的向他们说一声："谢谢！"真的感谢你们！感恩这个世界，感恩所有善良的人们！他们是整个人类与社会存在发展的良知、根本和灵魂。正如著名作家魏巍在《谁是最可爱的人》一文中所描述的我们最可爱的志愿军一样，在此，我们同样无比敬重地把这些话，献给他们："他们的品质是那样的纯洁和高尚，他们的意志是那样的坚韧和刚强，他们的气质是那样的淳朴和谦逊，他们的胸怀是那样的美丽和宽广！"以此献给我们最尊敬最可爱最光辉最伟大的积极贡献的人们。

"创业艰难百战多""旌旗十万斩阎罗"，千锤百炼终坚劲，崛起强盛铸魂魄！勇敢去开创，坚定去创造和贡献。这的确很难，然而正因为难，所以，我们更要倍加珍惜，更要懂得真正用心去爱、用心去感恩。

全力创造，积极贡献，这是我们每个人的责任，更是我们每个人的使命。这个世界无私的给予和付出，需要我们的积极贡献；积极贡献，让我们更能够齐心创造更美好的世界！

非凡胆略 Courage

在这个全新的世界和时代，要成就中国与中国创造，必须具备非凡胆略。

这个世界上，任何伟大的事业、成就和奇迹，都是那些最具勇气、热情、执著、顽强和智慧的人们共同奋力开创的。

这个时代，需要一种力量感。这个时代，需要一种更大的开创。身处这个时代，我们更需要具备非凡胆略！

非凡胆略，是我们成就任何事业的重要根基；非凡胆略，更是我们战胜一切困难的有力法宝。

无惧无畏，敢作敢为，这是一种超凡的勇气；不屈不挠，自强不息，这是一种无比的志气；同样，天高云淡，宠辱不惊，这是一种伟岸的大气，更有“舍我其谁”“非我莫属”及“孤独求败”“谁与争锋”，这是一种强悍的霸气。

但真正的智慧，永远是深刻把握到张弛有度，有勇有谋。

在中国优秀的传统文化中，一直都非常注重“和”的思想，其实这种“和”，我们一定要能够真正明白其内涵和原理。它恰如周易太极八卦图所展现的万象和真谛，退亦是进，进亦是退，万物相生相克，物极必反。这一切，深深蕴涵着中国乃至世界几千年来博大而精深的思想、精神和文化。

所谓“忍一时风平浪静，退一步海阔天空”，进攻，是为了更好地防守；防守与退后，是为了更好地进攻和战斗。但这种“忍”，绝不是“任”和“认”，而是一种“韧”和“仁”。

这种防守与退后，也绝不是一种害怕和畏惧，更不是一种无能和懦弱。正如鲁迅所说：“真的猛士，敢于直面惨淡的人生，敢于正视淋漓的鲜血。”

这个时代，呼唤生命的强者！这个世界，期待我们拥有更多战胜一切苦难和艰险的勇气！

一位明智的作家曾说过：“世上没有东西比勇气更温文尔雅，也没有东西比怯懦更残酷无情。”美国著名民权领袖，1964年度世界诺贝尔和平奖获得者——马丁·路德·金有一句名言：“沉默本身就是一个信号。最终，我们记得的不是我们敌人所说的话，而是我们朋友的沉默。”勇气，是一种力量。成功，需要勇气；勇气，锻造人生，成就事业的开创。

“任何时候，我们唯一畏惧的，就是畏惧本身！畏惧困难，比困难本身更可怕！”这是美国著名总统罗斯福在面对经济危机困难和战争恐惧阴影的时候所说出的人性最经典的话。这也更是他一生所一直坚持的无比坚定的信念和真理。

同样，英国著名首相、1953年诺贝尔文学奖获得者丘吉尔，在二战中整个欧洲被德国狂轰滥炸、人民无限惶恐和防守几近崩溃、人们几乎丧失信心的时候，临危受命，勇敢挺起，通过广播，向身陷囹圄和苦难煎熬的人们喊出了这样最激动人心的话：

“我没有别的，只有热血、辛劳、眼泪和汗水献给大家……你们问，我们的目的是什么？我可以用一个词来答复，胜利，不惜一切代价去争取胜利，无论多么恐怖也要争取胜利，无论道路多么遥远艰难，也要争取胜利，因为没有胜利就无法生存。”

并且，在随后不久，丘吉尔更是发表了被认为是二战中最鼓舞人心的一段讲话：

“我们将战斗到底。我们将在法国作战，我们将在海洋中作战，我们将以越来越大的信心和越来越强的力量在空中作战，我们将不惜一切代价保卫本土，我们将在海滩作战，我们将在敌人的登陆点作战，我们将在田野和街头作战，我们将在山区作战。我们绝不投降，即使我们这个岛屿或这个岛屿的大部分被征服并陷于饥饿之中——我从来不相信会发生这种情况——我们在海外的帝国臣民，在英国舰队的武装和保护下也会继续战斗，直到新世界在上帝认为适当的时候，拿出它所有一切的力量来拯救和解放这个旧世界。”

的确如他演讲中所说：“让我们勇敢地承担义务，以致英帝国和她的联邦在1000年后人们也可以这么说：‘这是他们最光辉的时刻。’”虽然丘吉尔不止一次地在被炸毁的房屋现场流下热泪，他依然以钢铁般的意志继续带领人民战斗。直到不列颠计划以英国的胜利告终。以致最后全面而有力地促进并推动了整个二战的伟大胜利。

伟大的时代，造就伟大的人物，非凡的勇气，成就非凡的英雄。正是这些无限的勇气和热情，让伟大的人物与世界的英雄精神光芒永存，生命力量永恒。也正是这些无限的勇气和热情，才成就了一个又一个世间的伟大，创造了一个又一个生命与世界的奇迹。

在茫茫黑暗中探索求生，是一种勇气；在艰苦跋涉中不弃不馁，是一种勇气。“走出去，开眼看世界”，是一种勇气；最痛苦无奈时，仍顽强不屈、坚持不懈，更是一种勇气。

勇气，成就历史古今，成就时代与未来。

著名将领岳飞有言：“壮志饥餐胡虏肉；笑谈渴饮匈奴血”。晚清大家郑板桥亦有言：“咬定青山不放松，立根原在破岩中，千磨万击还坚劲，任尔东西南北风。”

在面临艰难困苦和生死时刻，为推动人类社会和历史变革，舍生取义，勇敢担当，创造无限奇迹的人们更是如此。

民族英雄林则徐在抵御外侮时，高声喊出了：“苟利国家生死以，岂因祸福避趋之”；气节典范文天祥，在身陷囹圄面对敌人威逼利诱时，作出了这样的回应：“人生自古谁无死，留取丹心照汗青”；变革志士谭嗣同，在变法失败后面临被封建顽固势力追杀的生死时刻，毅然决然地选择了救助同仁和勇敢抗争，且慷慨地说出了：“不有行者，无以图将来，不有死者，无以召后起。各国变法无不从流血而成，今日中国未闻有因变法而流血者，此国之所以不昌也。有之，请自嗣同始。”并且在被捕的狱中他还留有这样一首诗：“望门投止思张俭，忍死须臾待杜根。我自横刀向天笑，去留肝胆两昆仑。”

这些是何等的胸怀气概，更是中华民族多么宝贵的精神财富。

同样，在抗战年代，为求得国家独立、民族解放，使人民获得自由新生和当家做主，多少英雄的中华儿女，坚定的用热血和不畏牺牲的精神，时刻捍卫并实践着人类的渴望和理想。革命先驱叶挺在遭到反动派的卑劣拘押时，愤慨地在狱中作《囚歌》以明志：

为人进出的门紧锁着，
为狗爬出的洞敞开着，
一个声音高叫着：
爬出来吧，给你自由！
我渴望自由，
但我深深地知道——
人的身躯怎能从狗洞子里爬出！
我希望有一天，

地下的烈火，

将我连这活棺材一齐烧掉，

我应该在烈火与热血中得到永生！

开国元勋陈毅元帅在面对极其艰难的处境时，亦是坚定地写道：“断头今日意如何？创业艰难百战多。此去泉台招旧部，旌旗十万斩阎罗”；还有那首有名的《青松》：“大雪压青松，青松挺且直，要知松高洁，待到雪化时！”同样，更有我们伟大的周恩来总理，早在革命伊始即为了中国的反帝反封建大业，毅然决然的放弃在日本求学的机会，归国加入革命。并在日本与好友临别时慷慨激壮的写道：“大江歌罢掉头东，邃密群科济世穷；面壁十年图破壁，难酬蹈海亦英雄。”那种成就伟业的信念和意志，那种不畏任何艰难的决心和视死如归的勇气，多么让人敬佩，让人永远怀念且铭记在心。的确，正如著名诗人臧克家所说：“有的人活着，他已经死了；有的人死了，他还活着。”那种英勇无畏的精神和品格，已经深深铭刻在我们的灵魂深处并更坚定有力的转化为人们心底最强大的力量。

毛泽东曾说：“一切反动派，都是纸老虎！”“战略上要藐视敌人，战术上要重视敌人。”如此，一切艰难都可自然而坚定的有力克服。即如其在豪迈的《长征》诗中所言：“红军不怕远征难，万水千山只等闲。五岭逶迤腾细浪，乌蒙磅礴走泥丸。”更有那铿锵有力而且掷地有声的：“不到长城非好汉，屈指行程二万”！可想而知，这是怎样的一种品质和精神，这是怎样的一种胆略和气概。这一切，作为人类的思想精华和根本核心，无论何时，无不让人们感到由衷的钦佩和敬仰。

伟大的中华民族就是在不断地战胜灾难的过程中发展壮大的。这已深深铭刻于我们这个民族的灵魂。恰恰正是这种不畏任何艰难的精神和品格，时刻激励并鼓舞着我们风雨无阻、奋勇前进。四川汶川大地震时，给中国亿万同胞留下了极大的痛苦和创伤，但这丝毫没有动摇英勇顽强的中国人民，更没有能够阻止人们坚强地活下来去追求未来幸福和理想的信心与希望。

真正非凡的勇气，它是一种精神，感动着世界，感动着全人类。

面对全新的中国和世界，面对创新创造，永远离不开非凡的胆略。要真正拥有非凡的胆略，必须能够认清并且要坚定做到正确的道路和方向。

同时，在这样一个全新的时代。要实现创新创造，要真正能够做到拥有非凡胆略，还更需要能够多考虑思量。

古语有言："三思而后行"，"吾日三省吾身"，"君子博学而日参省乎己，则知明而行无过矣"。确是如此，实践出真知，思考出智慧。古今中外凡成就任何事业和伟大奇迹，都是需要大智大勇，更需胆大心细和深思熟虑。非凡胆略，需正确之行，更需多读书，多学习，多探寻，多思量。

这个世界，人们真正的勇，不是愚勇和愚笨，更不是那种横冲直撞和盲目武断。真正的勇是智勇，是果敢之勇，是超凡品质之勇。所谓"智勇双全"，恰是如此。真正智勇，要做到正确之用。

攻克时艰，战胜磨难，夺取胜利，赢得辉煌，成就真正创造世界之勇。这种勇，是一种智慧，是一种真诚，是一种真正的"有勇有谋"；这种勇，是一种胆识，是一种超越，更是一种真正的勇者无惧。

真正之勇，是“知者，智也”之勇；而非那种“无知者，无畏”之勇。积淀雄厚实力，外强内省，知己知彼。真正智勇，无畏无惧，更是能够做到无可匹敌，所向披靡。

明智正确与深思熟虑之勇，是世界所必需；明智正确与深思熟虑之勇，更是成就非凡胆略之根基。

在这样一个全新的时代，在这样一个创新创造的时代，我们一定要敢于争先，引领世界；无惧无畏，开创未来！

非凡胆略，让智勇无敌；非凡胆略，创造人类与世界无限的可能和最美的奇迹！

强化能力 Capability

随着经济科技的飞速发展和人类社会的不断进步，全球化趋势越来越明显，整个世界的竞争也将会更加激烈化、白热化。

那么，在这样一个全新的时代：

中国与中国创造，该如何把握？

我们的未来该如何开拓？

中国与中国创造，能否不断突破局限？

我们更是能否不断全力地自我挑战和超越？

这些都是我们在这个新的世界和时代，无论如何都必须攻克的难关，更是我们不管怎样都必须面对和努力解决的问题。

正所谓："学如逆水行舟，不进则退"，"没有进步的一天，就等于没有任何意义的一天"；还有"落后就要挨打"，"优胜劣汰"，"不进取，即死亡"的深刻教训和无比痛苦的历史铭记。

屈原有言："路漫漫其修远兮，吾将上下而求索"，更有"天高任鸟飞，海阔凭鱼跃"。不断开拓突破，卓越进取，强化能力，挑战超越。这是时代要求之必然，更是我们不断发展、完善，从而成就自身和未来之根本。

强化能力，时代所需，更是世界前进动力所趋。我们必须紧紧抓住这一主干、核心和关键，更要全力把握、坚定创造并真正超越这个全新的历史和机遇。

新的时代，全世界一直有一个非常经典且实质鲜明的问题："21 世纪最重要的是什么?"答案相信很多人都会知道并且非常确定，那就是："人才"。在这里，我们要更加明确的强调：这种"人才"，"是创造性人才、创新型人才"！当今世界的竞争，归根到底，是综合国力的竞争，实质则是知识总量、人才素质和科技质量的竞争。而在此，非常关键和根本的一点就是人才的培养和发展。这一点，中国国家政策早已明确提出，而今更是世界共识。

那么，再深入一点去追问和反思，人才的竞争，最主要靠的是什么?这样更深入到核心和根本。可以说，答案毫无疑问，那就是："能力"，即一个人知识、技能、素质、品格、特色、潜能和内涵修养的综合体或一定意义上完整有效的系统结合体。能力成就人才，人才成就世界和未来。

强化能力，是重中之重，更是世界与未来的根本。所以，我们必须将这一点紧紧抓住，并且一定要牢牢把握。在此，我们主要从宏观和微观两个方面进行探讨。

具体来说，宏观方面，主要是指国家和世界。胡锦涛在 2010 年 5 月的全国人才工作会议上提出了十年建成"世界人才强国"的目标。这是国家的一种战略，更是实现我们理想和未来的一种支撑和有力保证。

在这个全新的时代，对于中国与中国创造，对于世界和未来，我们必须具备——

把握趋势的能力 得趋势者得天下，赢趋势者赢未来！把握趋势，预测未来，对于国家自身的前景，对于国家在世界的发展，再者对于全球和人类的环境与未来，这是每一个国家和当今世界都必须着眼思考和

全力把握的。

把握当前和掌控全局的能力　紧紧抓住当前，抓住有利时机，着眼国际国内环境，立足自身根基，全力开拓开创。把握当前，立足脚下，方可是成就未来的一个重要和关键前提。掌控全局，就是必须要具备掌握整体和控制全部局势的能力。主干和主体牢固，根基深厚坚实，这样方可坚不可摧；但同时，必须要更加清楚明确一点：任何时候，一个完整的整体都是一个完整而有效的统一综合系统。

矛盾具有普遍性，也具有特殊性；矛盾的特殊性包含普遍性，矛盾的普遍性寓于特殊性之中。中国有句古话："千里之堤，溃于蚁穴。"同样，一处河渠或道路，如果不能及时疏通与处理好，将极有可能造成全部的崩盘、堵塞和灾祸混乱。不能时刻保持警惕、提升全局能力和不断自我醒悟，不能做到防微杜渐和各个环节整体一致、高效高质与顺畅有力运作，那么，一个局部的，甚至一个很小的腐蚀、拥堵或破坏，在一定程度上，都将会酿成这个系统大部，甚至整个全局的毁灭或灾难性损害。大亦是小，小亦是大，"不积跬步，无以至千里；不积小流，无以成江海"，这种积淀和历练，一方面让人们能够将其把握好去成就一番伟业，而同时也能够让一些人因无知或错误利用而导致损坏一个整体。"流水不腐，户枢不蠹"，所以毛泽东同志在党的七届二中全会上提出的"两个务必"——"务必使同志们继续保持谦虚、谨慎、不骄、不躁的作风，务必使同志们继续地保持艰苦奋斗的作风"，至今并将永远具有非常深刻且极为深远的教育价值和意义。当今的中国，身处各个阶层的人们，都需要这种更多的自我反思、提升和学习。因此，掌控全局，不仅是要掌控主干、主体和根底，还更要能够把握好运行的各个环节、部分和完整的统一系统。

在此，需要强调的是：这种掌控，绝不是牢牢地抓住或紧紧握住不放，仿佛这样即可完全把握。殊不知，这种情况反而更加束缚了手脚，而且可能导致固定住了整体前行脚步，更加不利于系统的有序自由发挥、更大的开拓进取和全面的发展超越。甚至完全适得其反，恰像手中的一把沙，越用力抓得更紧，就越容易流失，结果到最后什么也抓不到或者抓住的更少。更像一个气球和一把双刃剑，太用力握，就会越容易爆破，甚至损伤或破坏更厉害、更严重。这种掌控，需要一种度，它是一种高瞻远瞩，是一种深厚领略，是需要营造更大更好的空间和环境。它需要主题和对象、内外共同的不断全力突破和成长，它是一种鼓励、引导和推进，它更是一种学习、帮助和培养。所谓“青，出于蓝，而胜于蓝；冰，水为之，而寒于水”，“敏而好学，不耻下问，是以谓之文也”“三人行，必有我师焉”“师者，所以传道、授业、解惑也”，这是怎样的气度和胸怀，是怎样的智慧和力量。只有这样的掌控，方可做到真正的实力与涵养见证和更好的共同成长与进步；这样的掌控，方可创造并赢得更大的空间和让人们内心与世界真正的信服。用智慧和真理推动真正的价值和意义，推动人类社会与世界的成长、完善与不断前进。

把握当前，掌控全局，这是一个国家和当今世界一种非常重要和关键的能力！

同时，把握当前，掌控全局，还要做到，能够应对一切风险的能力。“天有不测风云，人有旦夕祸福”，这是这个世界乃至整个宇宙的客观事实与规律。所有这些都必须要坦然而勇敢面对。在这个世界，无论对于自然，还是对于科技与人文，风险都必然存在，因此，能够具备应对风险的能力将显得尤为重要。展望前景和全局，主动出击，积极而为；全面深入而认真细致把控，做好充分预案和分析，全力完善和准备，这样，当风险来临的时刻，方可及时有力，应对自如！甚至在渡过生死难关方面，也不成问题或更加有力。

把握当前，掌控全局，还要具备足够的抗压能力和突发应变能力。要前进，必然有困难；面对未知，也必然有风险，有困难和风险，自然必有压力。同时，困难和风险，也正是不能完全把握和让人难以预料，所以这种抗压能力和突发应变能力，在关键时刻，将极为突出和重要。锻炼心志，磨炼意志，加强实战和历练，不断学习和强化，加之充分准备与完整具体考虑，这些都是提升抗压能力和突发应变能力的关键之要。

把握当前，掌控全局，结合完整的系统综合能力，将见证真正的内涵和雄厚实力。

善于总结与不断反省的能力 知历史而知天下；自知者智，知人者明；以史为鉴，以人为镜；历史见证未来！温家宝曾说："一个民族有一些关注天空的人，他们才有希望；一个民族只是关心脚下的事情，那是没有未来的。"同样，只有一个善于总结和不断反省的国家和民族，才能是有更好的前进和发展的民族。善于总结，不断反省，一个国家只有具备了这种胸怀、认知和能力，它才能不断地成长和进步，它才能受到人们信任和尊重。开放眼界和胸怀，提升并强化能力和修养；内部激情潜能绽放、自由活力发挥，外部共同学习、友好相处；同时，更有永远善于总结，不断反省。这样的国家与世界，才能更好的推动发展和进步；这样的国家和世界，才是人类无比美好的期望和理想。

微观方面，主要是个人，抑或企业和社会团体。每个人都能够成为人才，并不断成长和发展，那么这个国家将更有利于建设一个人力资源强国，企业和社会团体，将会得到更加有力的发展，这个世界也必将因此而更加完善、更加受益无穷。

在这个全新的时代，要想更好地开拓和创造，微观方面，我们必须具备——

概括而言，主要是生存能力，发展能力，还有成就与壮大未来的能力。生存是前提，具备一定的技能和独特的才能，能够完整独立的生存，这是存在与立足的根本。企业、团体和个人，莫不如此。然后，在生存的基础上，能不断地学习和发展，不断地成长和完善，这是人生的一种支柱，是一种更大动力和进步。当生存和发展都已能够完全满足的时候，人类的进取精神，发挥了更大的作用，开始利用自身更多的头脑、智慧、勇气、信心和行动不断地去开创，更是不断地壮大。生存、发展与壮大，形成一个完整的统一体，像一个自然界完整交织的生态系统链一样，它们相互作用，相辅相成，又能够非常地的融为一体，如此，推动着人类社会的发展和进步。

具体来说，主要是：

语言表达能力 良好的语言表达能力，体现的是一个的语言和人文素养，它是内化的一种精神和综合素质的体现。同时，这种语言表达，也是一个人所思所想的有力见证！它是一个非常直观也是留给人们印象的一个重要体现，是这个时代交际与发展的必然要求！

所谓能言善辩，即如诸葛亮“舌战群儒”，拿破仑曾言：“记者的一支笔胜过一千杆毛瑟枪”。这种说法，体现着语言和文字的综合表达，体现着一定的修养和内涵。但并不是完全尽然，有的人可以侃侃而谈，但没有内在，甚至虚晃欺骗，更不用谈与文字和思想的结合。因此，我们要能够区别看待。

良好的表达能力，主要是指语言和文字，尤其体现在最直观的语言方面。但语言和文字，都是一门重要的学问。语言确是具有强大的魔力和魅力，从一定意义来说，它还是思想、精神、理念和文化的集中体现。所以，真正良好的表达，有时不但要看语言所传达的表象，还更要看其内在的蕴涵、意义和实质。

真诚、自然、流畅，还有更高的“信、雅、达”，新的时代，我们更应具备这样一种真正良好的语言表达能力，所以更需要我们不断地多读书、学习、思考和锻炼。

沟通交流能力 多沟通和交流，是一种重要的素质和能力，这一点前文已经提到。爱，就要告诉他；恨，就要理解他，更要懂得宽容、原谅和感谢他。“这个世界上，永远没有无缘无故的爱，更没有无缘无故的恨”。我们缺少的更多是一种发自内心的坦诚沟通与交流。

沟通交流，最重要的是把心态调正，抱着一种学习的心态，真诚、自然、友好去表述；同时，沟通交流，还需要多一种灵活，需要多一些全面考虑、学会聆听。做到如此，我们很快就会有一种耳目一新的感觉，所有的误解和偏见也会随之消除，我们自身也会达到一种全新的境界，就好像一句经典的电影台词：“这个世界，如果人们能够多一点沟通和交流，那么，可想而知，将会减少多少人间痛苦和悲剧。”

团队合作能力 这个时代，一个人的力量是有限的。你不再是一个人在战斗。团队共同合作作战，将是一种关键和主要的力量。团队合作精神与团队合作能力，考验着一个人或一个团体未来的发展潜力。团队的凝聚力和战斗力，更决定着每个人的发展和他们能够成就多大的未来。但永远不可忽略的一点，那就是团队的执行力。高效的团队合作，必须由高效的团队来执行！从形成团队，达成共识，到探讨交流，确定主题，拿出方案，再到具体明确分工，行动实施，不断调整改进和完善，最后到得出成果和信息互动与交流反馈。这是一个完整的过程，必须各个环节都完整的确定到位，画上一个圆满的“句号”，并且还要多一些全面周到的考虑！如此，优秀而出色的团队合作，必将创造更大的成就和奇迹。

思维与思辨能力 创新思维，逻辑思维，判断与推理思维，分析与综合思维，逆向思维，发散思维，直线思维，平面思维，立体思维，空

间与时间思维，多维思维，还有换位思考，这些都需要我们不断地掌握和学习，它开发着我们的智力和潜能。我们正是认识到自身的局限，才会不断地自我挑战，不断的突破局限，不断的创造和超越。

在此，需要强调的是思辨能力。思辨能力，在我们未来的发展中将非常且极为的关键和重要。它主要是指一种思考与辨别的能力，它不是那种非黑即白、非“正确”即“错误”的简单判断，更不是那一种非朋友即敌人的盲目认识。它注重的是一种多方面、多角度、多层次的分析与思考，从而从各个不同的基点和综合体，提炼升华为一种全新的视角和认识。即，除了黑和白之外，还有红黄青橙蓝绿紫及混合色等；除了“正确”与“错误”之外，还有一些不确定的因素，还有一些未知的内容，还有更多的“客观、公平、公正”和真理。而且，除了朋友和敌人之外，还有中立群体，还有旁观者，还有不知所措或另有图谋者等等，所以，这种多向多维的思辨，会让我们有更加清晰明了和更加真实深刻的认识。

所以，从这个意义上来说，我们理应尊重每一个人，还有他们的见解和认识。同时，这样我们也可以完全理解：我们就是自己，没有必要盲目崇拜或者信奉所谓“权威”，“人非圣贤，孰能无过”，更何况“仁者见仁，智者见智”，因此，“三人行，必有我师焉；择其善者而从之，其不善者而改之”，多多学习，实事求是，趋近真理，这才是根本之要，真正实力源泉和力量之基。此刻，重忆起陈寅恪老先生的那句话：“独立之精神，自由之思想”，这一点永远值得我们深刻反思和醒悟。

不断深入思考，全面探索，激烈辩论；更多学习与自由绽放，科学合理，有礼有力，那么，人们思想与智慧的火花，将会不断迸现，人们的动力与潜能将会得到更大的激发和挖掘。由此，人们更能够不断汲取营养，更能够不断发现并全力开创一个又一个全新而伟大的科学、真理、思想、历史、文化和奇迹！

实际操作和转化能力 培根说：“知识就是力量”！但是，如果所学知识不能够运用到实际操作和转化为甚至升华为内在的全新能力，那么，这样的知识，将很难成为力量，更不用谈那些庞杂甚至有待于科学验证的知识，以及对它们的分析和辨别。再好的知识和原理，如果不能应用到实际中去，它都将失去价值和意义。所以，实际操作和转化能力，是人类作用于客观世界的一种重要的、实实在在的能力，它也是人类生存与发展的一个根本。

实践出真知，真知再经过实际操作并转化作用于客观世界，同时，再经过实践而转化升华到一种新的真知和认识，实践，成为人类改造客观世界的重要活动，由此，它们螺旋向上，推动着人类文明的不断向上发展和进步。

探索研究与反思省察能力 探索研究，获得真知灼见；反思省察，更让我们清醒理智。探索研究的同时，我们更应该不断地反思省察，以此能够不断地改进和完善，不断地取得突破和发展。越是在全新的时代，我们越需要探索研究和反思省察的能力。竞争的激烈，科技创新和发明，推动着我们不断前进，更要求我们必须具备这种卓越的能力。执著进取，同时祛除浮躁；专心如一，更是多反省学习。所谓“静以修身，俭以养德”“非淡泊无以明志，非宁静无以致远”，挚爱理想，坚定探索研究，就一定要耐得住孤独和寂寞，镇定自若，宠辱不惊，“博学而笃志，切问而近思”。正如三百六十行，行行出状元，相信经过艰苦的钻研和探索，静心的专注和投入，多向世界学习，必将结出丰硕成果。

韩愈有言：“业精于勤，而荒于嬉；行成于思，而毁于随。”我们亦需多一些思考，多一些反思。任何一种创造，都需要我们付出极大的心血、汗水、知识、辛劳和智慧；探索、求知；发现、发明、科研、开拓，都需要全新的开创。这些需要我们在全力和坚毅执著进取的同时，能够不断总结和改进，不断地自我反思和省察。对于探索自身，对于探索的对象，对于探索的环境、方向和未来，皆是如此。“书山有路勤为径，学海无涯苦作舟”，其实，以今天的眼光看待，探索研究既“苦”又“乐”，而这种不断的反思省察，更是既“痛”又“甜”，亦苦亦乐，亦痛亦甜，苦而后乐，痛而后甜，这才是人生和世界的根本。最主要的是，我们必须具备并且能够更加精而透地理解中华民族精神的精髓：“自强不息，厚德载物”。探索研究与反思省察能力，是我们这个时代所需，更是我们每个人要获得更大发展前景的必备素养和关键之基。

学习、竞争与创新能力 21世纪，是一个不断学习的世纪。只有不断学习，学会学习，学会适合自己与未来的学习，才能够跟上时代的发展，才能够游刃于时代的发展，才能够超越、甚至引领整个时代的发展。否则，很快即会被淘汰，这是一个自然规律和事实。学会竞争，主动竞争，积极合理并有序竞争，如此方可赢得发展，更可获得更大的成长与提升空间，从而成就自身与理想。同时，更有创新能力。创新，成就人才；创新，让我们变得与众不同！我们的大学和教育，我们的企业和每一个个人都应该学会不断挑战、超越和创新。创新，不断突破，如此我们方可赢得先机，赢得时间，更可赢得主动与丰厚的回报，还有全新的时代和更新更美的前景。

同时，我们更要明白，这个世界没有谁是常胜将军，也没有谁是永远的胜利者。我们也需要多一些谦逊，多一些感恩，能够多多强化互补和合作。

学习、竞争与创新能力，加之合作共创精神；同时，将所学知识和真正的实际操作相结合，并且强化抗压、抗挫和抗诱惑的品质。能够不断提升职业素质与技能，多接受一些培训指导，并且能够把握长远眼光和深刻真知认识，全面提高人文修养与气质品格。这是时代发展和要求的必然，更是我们成就未来的坚定保证和最强动力。

21世纪最重要的是人才，人才最要的是能力！所以，我们应不断学习、不断强化能力，全面提升能力，综合发展能力和坚定而有力强化能力，这必然将成就中国与中国创造，更将成就世界与未来！

OK，Let's go！

We can make it！

永做冠军 Champion

这是一个全新的时代！

这是一个不断自我挑战的时代！

这是一个充满无限激情与活力的时代！

这是一个全力迸发潜能、创造无限可能和奇迹的时代！

这个时代，需要中国；这个时代的中国，需要创造！中国创造，源自中国与世界，成就全球与未来！

中国创造，永做冠军品质！开创全新时代！引领世界未来！

中国，需要这样一种全新的精神和动力，需要这样一种全新的理念和思想！

无惧无畏的开拓进取精神，永做第一的冠军品质；敢于领先的胸怀魄力，坚定创造的誓志决心！

新生的时代，新生的力量，无比的坚毅和努力，坚决成就冠军理想，这就是中国创造之风骨，这就是时代中国之品格！

那么，立刻反思：

我们如何成就冠军理想？

我们依靠什么成就冠军理想？

冠军品质要求之于中国还有多远？

中国创造能否引领并开创全新时代？

中国创造的最关键核心和根基在哪里?

我们又如何完全真正实现未来的中国创造与世界共创?

清醒理智，科学分析，把握真知。中国，还有很长的一段坚定的路要走。

以事实说话，用客观分析和数字明证，认真仔细比较之后，我们很快就会发现，无论在经济、科技、教育、文化，还是在企业、社会、人才、整体素质，尤其是人均值方面，中国与世界发达国家相比，都还存在很大的差距。最明显的是与世界超级强国——美国的对比，我们必须清楚而明智地看到并且一定要能真正懂得这一点。

中国创造，是一个艰难的过程，但更是一个全新的里程。恰恰和追寻与选择中国道路的艰苦探索一样，只有经历并度过了那段最艰辛困难的岁月，方可迎来一派全新气象。中国创造，是改变自身，改写时代，改革历史，改创世界与未来的一个无比非凡而独特的全新里程。

永做冠军，是一种实力，是一种追求；同时，永做冠军，是一种荣耀，更是一种鞭策与激励。冠军追求，是一种品位；冠军享有，更是一种境界。永做冠军，不断追求，这就是中国新时代的风格和力量。

永做冠军，源自智慧与梦想的领航和指引。每一个冠军，都有自己的梦想。每一个对冠军追求的人，同样，更是有自己独特的愿望。当伟大的奥运圣火在那一刻点燃，人类的光辉即已灿发出最美的光芒。“更高，更快，更强”！创造奇迹和记录，超越地球和星空。这些人类最伟大的不断突破自我、挑战极限的精神，让这个纷繁而多彩的世界时刻充满着无限的希望和力量。

智慧，给了我们思想和方法；梦想，给了我们动力和方向。智慧与梦想，深入到人类的骨髓、血液、内心和灵魂！源自智慧与梦想的领航和指引，成就着冠军的追求和品格，成就着人类的辉煌、文明和进步。

永做冠军，需要潜能与实力的激发和迸放，潜能的力量是无穷的。大自然和人类一样，都是拥有无限的潜能，人类更是拥有着深厚的未被开发挖掘的雄厚实力和潜力，只是需要综合合理的激发和迸放。全力以赴，坚定决心，持之以恒，执著坚毅。永做冠军，就是要永远不断地挖掘和开发自身的潜力，就是要不断的锻造和积淀自身的实力。正是潜能与实力，成就冠军梦想！

真正做到冠军品质，冠军追求，潜能与实力的激发和迸放，必定是最为关键、最为重要的信心、信念和力量。

永做冠军，更是需要永远不断地挑战突破和创造超越。挑战极限，突破自我，创造奇迹，超越梦想！永做冠军，必须具有这样的精神和品质，“唯有晒牲多壮志，敢教日月换新天”。冠军，不只是一种“名声”，它更是一种世界与自然的肯定认可和对人类自身的战胜！拥有冠军的力量，就一定要经受住身、心、头、脑、智、勇、志、毅等各个方面的磨炼和洗礼。

无数次的跌倒，无数次的爬起；无数次的创伤，再无数次的练习。战斗，坚持；再坚持，再战斗！任何一个激烈而残酷的赛场，都如同战场，在竞技和拼杀的道路上，只有成功和失败，别无选择。要想赢得任何一场战斗和辉煌，要想夺取和实现任何一个目标与理想，答案只有一条，那就是：始终坚定不移地不断努力，不断学习，不断磨炼，不断革新，不断奋斗，不断挑战！

胜不骄，败不馁，永远去突破。弃浮华，绝浮躁，不断去创造。忍受一切孤独和痛苦，承受一切磨难和煎熬，坚定去超越。只有吃得苦中苦，方可赢得甜中甜。挑战，永无止境！

全新的中国，全新的时代！冠军追求，是一种责任，是一种使命；更是一种精神，一种人类内心的光芒和向往！

一种层次，一种境界；一种追求，一种人生！永做冠军，永葆奋斗的激情和活力，永存拼搏的信念、精神和力量！永做冠军，永远不断挑战突破和创造超越！

中国古诗有言："不畏浮云遮望眼，只缘身在最高层"。拿破仑同样有句名言："不想当将军的士兵，不是好士兵"。这就是一种更高的品味，这就是一种更高的追求。当兵，就要做精兵，打仗，就要打胜仗，更要打得赢硬仗。只有真正的精而强，只有永争第一的品格，只有要做就做到最好的冠军追求，才是真正的桂冠和榜样。同时，也只有经过一番痛苦的磨炼和洗礼之后，真正蕴化而成的气度和修养，才是真正无与伦比、势不可挡。

永做冠军，勇敢挑战！成就自己的桂冠，成就自己的"舰长"，不断超越，勇敢领航！

永做冠军，永争第一，这不仅是一种追求，更是一种精神品质和境界！

真诚而热切的期待那一天：那一天，我们共同实现愿望，见证理想！那一天，让我们都能够共同举杯，齐声高歌，大声庆祝！为世界欢呼，为中国、为我们自己喝彩！

我们无比坚定的相信：真正的努力和奋斗，永远不断地挑战、创造和超越，最终一定能够成就我们最非凡的"王者之冠"！

把握全球战略机遇！永做冠军，实现理想！

第三版块

凝聚全球共识，完整总结反馈；强化互动、全新开创，让世界的理想光芒，精彩绽放

长风破浪会有时，直挂云帆济沧海！精诚所至，金石为开！相信经过一番呕心沥血的付出，必将成就最卓越非凡的“中国与中国创造”，更将会成就众所期盼的“世界共同创造”！

汇集成果，总结反馈，追寻理想，全球共创！让伟大“创造“的力量，造福人民，造福世界，造福未来！

| 共存发展 Coexist

这是一个全球共存的世界！

创造，实质上是源自全人类的智慧和力量。

这个全新的世界，没有哪一个国家或区域是完全封闭孤立的；这个全新的时代更告诉我们：人类生活在这个世上，并不只是这一个世纪。

人类赖以生存的这个伟大而美丽的地球，它是一体的。就这样，人类一代又一代繁衍生息在这个球体上。

茫茫太空中，这个最具独特魅力、最具奇迹的星球，它不是哪个国家的，不是哪个时代的，更不是属于哪个人的，它是整个世界和全人类的。

伟大、美丽、自然而多彩的地球，这是人类共存的前提。

聪明的人类，运用自身的智慧，在这片能够孕育生命的土地上生存发展。感谢世界赋予了人类最美的灵感，它让人类不断进化，然后能够认识到自身与整个自然是一体的。同时，更能够认识到整个天地内外是客观规律运行与和谐循环统一的。

地球相对于人类，它就是一个大乐园，或者更是一个大家园。人类在这个地球上，发挥着聪明才智，开发自然资源，挖掘自身潜能，不断去创造，不断地去构建，终于让其变成了“自己”美丽的“世界”。

人类的最美的真的是“想象”；人类最聪明的也真的是“愚蠢”。

发现它，却又破坏它；明明生存依靠它，反而更不情愿保护它！结果，到最后人类自身看似“得意”，却是害了自己，更害了它——这个人类自己最美的家。看来，人类还需要更大的提升，还需要真正不断地发展和进化。

所以，站在今天，这样一个全新的世界和时代，我们应该能够深刻地认识到，全球实质上是共存发展，我们只有一个地球，而我们不止一个世纪或仅仅一代。它是一个完整的整体，它是一种时间的延续。

因此，当人类在这个地球上发展，无论对于创造，还是对于决策，无论对于全球，还是对于未来，我们都必须把握并考虑到世界共存这一前提。我们也更应该：多一些爱，多一些感恩，多一些认知，多一些携手共进。

世界共存，全球共创！为生存而战斗，为共创而发展，爱护地球与家园，尊重自然与规律，这是人类的福祉，更是这个星球和宇宙太空的美好明天！

人们相互尊重，和平相处，多一分理解，多一分交流。为战胜人类的苦难而拼搏，为共同攻克时艰而奋斗！把有限的时间和精力应用到最需要、最伟大的事业和意义上去，相信这样的力量，将会创造人类与世界怎样的奇迹！

所以，今天，我们更是要倡导：

在这个全新世界和时代，我们不需要无谓的牺牲和付出，我们只需要真诚地叩问自己的内心和灵魂。我们不需要冠冕堂皇的理由和借口，我们只需要多一些真正的理解和认知。同一个地球，同一个家园！人类与世界共存，共同创造，共同发展！

多作出一些有价值的评论，多提出一些建设性的、积极的且更具参考意义的意见或建议；同时，更是在世界与地球的共同问题面前，在人类前进发展的思想、精神、教育、文化和经济、科技、社会等方面，能够更多地联合去改进、去提升、去攻坚。

而且，在此，我们也强调：注重各自特色，尊重彼此，共存而非同质，多彩而非单一。在整个人类、世界和宇宙太空，万事万物本是按自然规律独特相存、和谐相处。因此，我们既可以“和而不同”，更可以“求同存异”，共存发展。

仰望星空，放眼宇宙，坚定立足和珍重人类自身与地球家园！

让我们都能够全力携手共创，把握好人类与世界的共存发展，一起实现我们美好的理想！

| 特色经典 Characteristic

这个世界上任何一种东西，凡是存在，必有其独特之处。

面对全新的时代，面对着即将要全力开创的崭新未来，“Characteristic”，永远坚持并始终具备“特色经典”，将一定是这个世界上最美丽多彩、最独特非凡的奇迹和关键重点。

全新的时代，必然需要全新的思想；全新的世界，更是必然需要全新的文化。

“创造”，是这个全新的世界和时代最关键的主题；同样，更是整个人类和宇宙最永恒的旋律。

创新、创造、发现、发明，无论对于复兴和启蒙，还是对于崛起与强盛，这永远都是中国和整个世界，最伟大的思想和文化。

随着经济全球化和国际一体化的进程，未来的世界，在相互的交融和学习下，必然是更加注重求同存异，共同发展。同时，在更具创造性、创新性、竞争性和合生性的综合情况之下，未来的世界，也必然将日益浓重地体现出特色化、经典化、相对化和差异化。民族的，就是世界的；世界的，更需全球认同的。

中国，向来注重特色，更是永远坚持走自己特色的道路。中国人民最具创造力和想象力，世界需要这样的中国，中国更需要全新的世界。

中国创造，凝聚全球智慧，展现人类力量！这是时代的期盼，是对世界的贡献；更是人们的心声，是共创和追求人类更美好明天的无限渴望与强烈心愿。

然而，现实的情况是，中国在此还需要很大的、更进一步深入的完善改进和提升。

据英国《金融时报》2010年6月1日的报道，美国Interbrand品牌咨询公司公布的全球最是价值品牌100强中，亚洲仅占八席，中国无一席。文章提出，占全世界68亿总人口之一半的亚洲地区，其世界知名品牌的数量却和仅有6000万人口的法国一样多。在品牌创建方面，该地区表现平平，亚洲品牌要想获得全球影响力还有很长的路要走。

同时，文章还指出，虽然亚洲经济取得快速发展，但据野村综合研究所称，亚洲知名品牌的数量与其经济规模相比还是不相称。文章援引新加坡管理大学韩金卿（音）的话说，其中一个因素就是公司要想在业绩和品质方面获得声誉还需要几年的发展。

与此同时，欧洲商业管理学院营销学教授阿米塔瓦·查托帕迪亚雅预计著名的亚洲品牌数量将会迅速增加。查托帕迪亚雅说：“公司一开始要先具备生产能力。然后到了某个阶段，你就会意识到如果你所做的一切只是在生产，那么你赚不到最大的利润。到了那个阶段，你就会开始创建品牌。理论表明，这是一件很难的事情。”

中国和印度都有庞大的国内市场。两国的公司在进军海外之前可以先在国内磨炼技艺。

2010年6月8日，CCTV新闻频道，《环球视线》栏目，更是专门直播了“中国名牌在哪里?”的专题报道。

中国制造应该具备怎样的品质？为什么中国缺乏世界级的品牌？中国品牌距离世界名牌有多远？中国又具备哪些世界级的伟大的企业？这些问题困扰着中国。

栏目中援引国家发改委对外经济研究所所长张燕生的话说："我们会发现目前的'中国制造'真正登上世界上，由一个制造的大国变成世界的强国，我们还有很长的路要走！"

这些事实和情况，深刻地触动着我们的内心；这种自然对比和理性分析，也让我们能够具有更加清醒和切实的感受与认识。这一切都非常值得我们深刻反省和反思。

随着经济社会的发展，人们可以创造更大的价值和可能。依靠拼命的血汗和廉价的劳动力，将永远停留在"生物链"的最低端，当发展到一定阶段，不仅不能创造更大的价值，相较而言，反而会失去更多的利润，甚至损害更大的利益和发展空间。

中国创造，是时代的呼唤，更是时代的最强音！实现创造，独特创新，这是成就全新世界和人类未来的最强有力的法宝和核心关键！

这个时代的中国，正处在这样一个重要的转型和发展期。中国，需要转变！全力完善改进，不断调整升级，以真正将硬实力和软实力完整结合。中国创造，绽放潜能，凝聚力量，必将实现最卓越非凡的理想和未来！

这个时代的中国，需要"创造"！同样，伟大的"创造"力量，全力"创造"的精神和理念，也必将成就这个时代的中国和世界！

同时，恰像每一个最独特的沟渠、频道一样，相信中国更需要并且必将更加注重最优秀的、第一流的、经典的、综合而完整的创新与特色。

中国需要这种"创造"的思想和文化，中国更需要成就自己和整个世界最独特的创新、特色和经典。无论是政治、经济、社会和文化，还是科技、教育、自然与民生；无论是当下与现实，还是理想和未来。面对全新的世界和时代，中国都需要不断地自我挑战，需要不断地去"创造"，更需要那一切最具非凡的奇迹和特色经典。

智慧，引领中国；创造，成就世界，更成就时代和未来！全力创新创造，把握特色经典，在世界一体化的进程中，中国深刻认识和理解这一点。

2010年6月6日，中国颁布《国家中长期人才发展规划纲要（2010—2020年）》，纲要提出10项重大政策和12项重大人才工程，中国向人才培养和教育发展改革，迈出了极为重要而关键的一步。

2010年6月9日，据《环球时报》的报道，外媒关注中国涨工资，认为这与中国的雄心相一致。中国制造业不仅不会因此及世界金融危机影响而低迷，而是会就此全新转型、重生。

我们需要不断地反省，需要不断地探索和深思；我们更需要不断地学习，需要不断地鼓励、超越和新生。

美国《福布斯》杂志，2010年6月7日的一篇文章，原题：《即将到来的中国发明时代》。文章提道，诚然，中国已经发明了一些东西。但仍有很多障碍妨碍中国大规模跃升到全面发明创造的水平。其中的一个障碍，即是文化，中国的企业家仍然害怕失败。而在美国硅谷，一次失败的创业尝试是荣耀的象征。“唯有不断挑战、革新和改变”，中国企业方可不断升级扩大。另一个就是教育，中国教育缺乏突破性思想，在中国，教育需要朝着批判性思维的方向发展，而不只是单纯记忆。

的确如此，如果中国能够不断加强自主创新和自主发明，大学能够开展更多世界学术研究和实际探索实验并与更多企业展开合作，让学生更多地跨序科交叉学习，让潜能与独特个性自由发挥，必能培养更多的人才并激发青年的创造力。那么，中国的发展，将不可同日而语。全新的理念，全新的世界，“中国创造”的时代，即将到来！

是的，在这个全新的时代，我们理所当然应不断强化学习、加强修养和内涵，把握人类与世界的主题和根基。

总结反馈，互动学习。此时，站在一种全新的特色和基点，恰如重新打开我们的影相一样，回顾并审视我们前面所探讨的每一个版块的栏目，“温故而知新”，学与思结合，想和做一致。综合所有真知，他们构成这个世界超强巨无霸的俱乐部；同时，更是凝聚中国与世界思想文化和人类“Chuang——創”之智慧结晶。不断鞭策和激励着我们全力以赴去揭开更多具有真正伟大价值和意义的“创造”密码，更是进而以最独特非凡的团体潜能和力量，全新开启中国与世界完整的“C”之征程和创造之路！

这是一个全新的世界和时代！这个时代的中国，已然坚定踏上“创造”之路！中国创造，全力开创，成就中国特色经典！中国创造，凝聚共识，让世界的理想光芒，精彩绽放！

特色经典二则

作为一个专门赠送的特色经典，我们在此也作出两个专门附列，以此，让我们能够更好地启迪、激发，更好地探讨、反思和学习。

无论我们做到何种程度，无论未来会怎样？我们永远都不应忘记我们的根基，我们的核心，我们的自强不息精神，我们的理想和方向，还有人类与世界的特色和经典，更有我们不断的反省和学习。这是这个世界上每个最独特群体的根和灵魂！

一、大学教育和反思

世界大学排行榜中，全球两大重要机构——《泰晤士报高等教育》和《美国新闻与世界报道》，每年都会依据研究成果公布世界大学排名，尽管他们的参考标准不同，但其研究结果的公示，十分值得我们深思和借鉴。

2009年，由英国《泰晤士报高等教育》等单位合办的“世界大学排名2009”公布，其中，世界大学前十名及部分大学排名如下：

1、Harvard University United States 哈佛大学（美国）

2、University of Cambridge 剑桥大学（英国）

3、Yale University 耶鲁大学（美国）

4、University College London 伦敦大学学院（英国）

5、Imperial College London 伦敦帝国学院（英国）

6、University of Oxford 牛津大学（英国）

7、University of Chicago 芝加哥大学（美国）

8、Princeton University 普林斯顿大学（美国）

9、Massachusetts Institute of Technology (MIT) 麻省理工大学（美国）

10、California Institute of Technology (Caltech) 加州理工大学（美国）

中国有香港大学、香港科技大学和香港中文大学进入排行榜前50，大陆只有一所清华大学位列其中，排名第49。

2010年，《美国新闻与世界报道》(U. S. News & World Report) 评出2010年世界大学排名。该媒体的世界大学排名依据指标为：1. Academic peer review（学术评分）2. Employer review（雇主评分）3. Student to faculty（师生比例）4. International faculty（国际学院评分）5. International students（国际学生评分）。

其中，排行榜评出的Top 10为：

1、Harvard University United States 哈佛大学（美国）

2、Yale University 耶鲁大学（美国）

3、University of Cambridge 剑桥大学（英国）

4、University of Oxford 牛津大学（英国）

5、California Institute of Technology（Caltech）加州理工大学（美国）

6、Imperial College London 伦敦帝国学院（英国）

7、University College London 伦敦大学学院（英国）

8、University of Chicago 芝加哥大学（美国）

9 、Massachusetts Institute of Technology（MIT）麻省理工大学（美国）

10 、Columbia University 哥伦比亚大学（美国）

中国有香港大学、香港科技大学和香港中文大学进入排行榜前 50，中国大陆无一入选。在排行前 100 名中，中国总共有 5 所大学上榜，中国香港的三所大学分别排名第 26、39 和 42；中国大陆的北京大学位列第 51，清华大学位列第 56。

从综合到特色，深刻总结、分析和反思，中国与世界最先进国家的教育水平、理念等差距都不止一点、一刻！中国，需要更大的创造和突破！

二、人才发展，新的里程碑

2010 年，中国颁布了《国家中长期人才发展规划纲要（2010－2020 年）》，展示了中国迎接未来发展的坚定决心和宏伟志向。由劳动力大国变成世界人才强国，实现这一国家目标，中国需要更多的人才，需要更卓越的环境和特色氛围；同时，中国更需要更多真正顶级的和世界超一流的非凡精英、名家和让人们完全发自内心敬重的大师——无论在各个领域，无论在各个方面。全新的中国，都需要这种更多真正的人才。

人才，乃世界最强大动力资源和坚实根基！立足人才，着眼创新创造，坚定引领时代和未来！

《国家中长期人才发展规划纲要（2010—2020年）》

“十二项重大人才工程”：

1、创新人才推进计划

2、青年英才开发计划

3、企业经营管理人才素质提升工程

4、高素质教育人才培养工程

5、文化名家工程

6、全民健康卫生人才保障工程

7、海外高层次人才引进计划

8、专业技术人才知识更新工程

9、国家高技能人才振兴计划

10、现代农业人才支撑计划

11、边远贫困地区、边疆民族地区和革命老区人才支持计划

12、高校毕业生基层培养计划

“十项重大政策”：

1、实施促进人才投资优先保证的财税金融政策

2、实施产学研合作培养创新人才政策

3、实施引导人才向农村基层和艰苦边远地区流动政策

4、实施人才创业扶持政策

5、实施有利于科技人员潜心研究和创新政策

6、实施推进党政人才、企业经营管理人才、专业技术人才合理流动政策

7、实施更加开放的人才政策

8、实施鼓励非公有制经济组织、新社会组织人才发展政策

9、实施促进人才发展的公共服务政策

10、实施知识产权保护政策（来源：中国新闻网）

无论是国家、企业，还是社会团体和个人，如果不能真正重视人才和把握好人力资源持续发展，那么，最终的结果都必将是没有任何美好的前景和希望。

未来，中国需要更多卓越非凡的人才；未来，更是一个创造无限可能和奇迹的时代。

创造性人才与发展，决定着世界与未来；创造性人才与发展，成就我们开创时代的最强动力和前进力量。中国坚持特色经典，不断发展完善，未来必将赢取无限灿烂的光芒和人类世界无比辉煌的篇章！

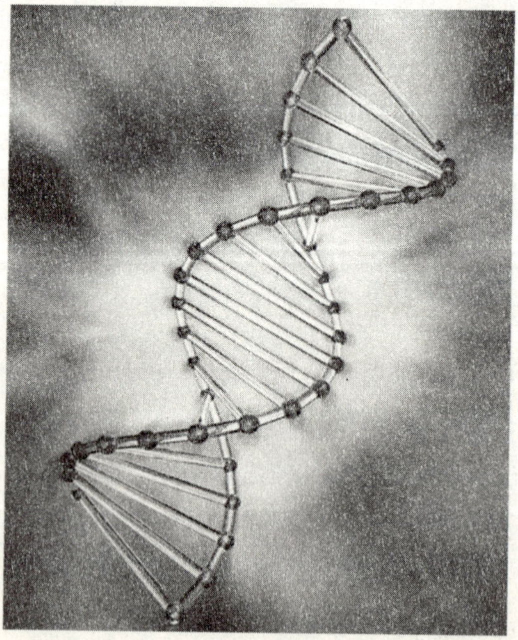

中国创造　引领未来

Created in China　Lead the Future

不畏艰难　坚定信心和信念

执著进取　勇敢创造和行动

中国创造 引领未来·开创新时代

这是一个全新的时代！

这是一个全新的中国！

这个全新的时代，我们渴望“创造”！

这个全新的中国，最具非凡和独特！

当世纪的钟声，将人们从沉睡中敲醒；当时代的召唤，让人们内心充满无限的感动！我们开始无比感恩这个美丽而多彩的世界，感谢人类伟大的智慧、才能、行动、力量和彩虹斑斓的梦！

诸子百家，竞相迸发；百花齐放，百家争鸣！

文艺复兴！

思想启蒙！

革命运动！

每一段历史，都是鸿篇巨制，都承载着人类的伟大理想，抒写着人类与世界的恢弘篇章！

而今，

崛起与振兴，觉醒与强盛，这是中国崭新的力量！

创造，这是全球最璀璨的光芒！

我们追求世界的和平与共处，我们追逐人类的生存与幸福！

为中国而创造，为全球而创造！这是我们永远坚定不移的信念和理想！

感谢人类拥有这伟大的精神和理念，更感谢人们拥有这无限的渴望和向往！

来吧，

真诚、善良和创造智慧的人们！我们时刻斗志昂扬！

来吧，让“创造”的“暴风雨”来得更猛烈些吧！

在这个全新的时代，生而即为无限梦想，无限荣光！

每个人都是最独一无二的自己！每个群体都能够自然地仰望星空，脚踏大地！

让创造潜能自由迸发，让生命奇迹精彩绽放！坚定决心，勇敢领航！

创造，这是一个全新时代的开创！

创造，这是中国与世界，这是人类自身最坚定最伟大的行动和思想！

中国创造 引领未来·智慧行动

随着国际竞争的加剧和合作的日益深入，未来世界全球化、一体化，并且更加注重特色化的趋势必将会越来越明显。

面对国际和国内，立足自身根基，开创全新世界：

中国，将如何面对未来的挑战？

中国，将何时实现崛起和强盛？

中国创造，是否能够迎来全面革新？

中国创造，又是否能够真正引领世界的未来？

这是一个全新时代的思想启蒙和觉醒，这更是需要我们每个人都发掘出自身最强大的潜能，凝聚全力并坚定投入到最强有力的行动中去。

坚定卓越的智慧行动，体现着中华五千年和人类世界非凡的思想文化，体现着人们创造的渴望、信心、信念和力量。

研究统计表明：尽管《财富》世界五百强排名中，中国所占比例不大，而且名次更有待于进一步加强，但必须明确的一点是中国的企业发展十分迅猛！显示出一种强劲的势头和活力。资料统计显示：

2005 年，《财富》世界 500 强，中国 18 家；

2006 年，《财富》世界 500 强，中国 23 家；

2007 年，《财富》世界 500 强，中国 30 家；

2008 年，《财富》世界 500 强，中国 35 家；

2009 年，《财富》世界 500 强，中国 43 家；

2010 年，《财富》世界 500 强，中国 54 家。更有三家中国企业，进入世界前十强。

2010 年 4 月 17 日，据中国新闻网的消息，美国《商业周刊》评选出 2010 年“全球最具创新力企业 50 强”，虽然苹果连续第 6 年蝉联冠军，但在前 25 名中，美国企业首次成为少数。而亚洲表现突出，多达 15 家企业上榜，远超过 2006 年的 5 家企业。

2010 年评选出的前三甲分别为苹果、Google 以及微软。前 10 名中有 4 家亚洲企业，上榜的亚洲企业中，中国发展最为迅速，与日企数目相同，包括：比亚迪、海尔、联想、中国移动及宏达电。

《商业周刊》的排名依据波士顿咨询公司每年对全球各大企业高管进行的调查而确定。2010 年全球最具创新力企业 50 强名单中前 10 名和部分中国的企业为：

01 苹果

02 Google

03 微软

04 IBM

05 丰田汽车

06 亚马逊

07 LG 电子

08 比亚迪

09 通用电气

10 索尼

另外，入围的中国企业有：海尔、联想、中国移动、宏达电

(HTC)，分别排名为：第28、30、44和47。

2010年6月29日，据《环球时报》报道，德国经济网站“特别新闻”28日称，德勤全球制造业小组与美国竞争力委员会近日联合发布了《2010年全球制造业竞争力指数》报告。中国以10分高居2010年全球制造业竞争力榜首，以排名第一而夺冠。

其中：

印度 （8.15分）

韩国 （6.79分）

美国 （5.84分）

巴西 （5.41分）

日本 （5.11分）

墨西哥 （4.84分）

德国 （4.80分）

新加坡 （4.69分）

波兰 （4.69分）

分列第2至第10名，老牌制造业大国——英国，排名第17位。

报告显示，中国制造业在目前和未来5年内都是全球最具竞争力的国家。印度、巴西等新兴经济体的排名居前，并将进一步提升。

这是有关全球制造业竞争力的第一份报告。德勤是全球著名的四大会计事务所之一，美国竞争力委员会，是美国一家非政府组织。

德勤在报告中表示，获取拥有创新能力的优秀人才是制造类企业提升全球竞争力的关键，其重要性已超过动力、原材料、能源等传统因素。报告撰写人之一的经济学家汉斯·罗恩也表示，人才问题正变得日益重要，教育已成为制造业竞争力中的首要问题。

报告还称，亚洲的竞争力优势明显，在全球的价值链发展中，将不断发挥重要作用。同时，中国拥有多项顶级竞争驱动力，这是中国高居制造业第一的原因所在。中国的优势包括数量科学、技术、人才方面的保证及中国政府的大力投入等。

上述这些情况，使中国和亚洲受到极大的鼓舞，正所谓：风平浪静的海面，所有船只都可以并驱竞胜；被命运的风暴袭击的时候，只有大智大勇的人才能够处之泰然。国家发展亦是如此。今天中国成就的获得，值得让艰苦奋斗的人们感到十分的高兴和振奋。而且中国更多创新力的增强，意味着未来将会具有更大的发展潜力和动力。坚定立足雄厚的根基和实力，“不断创造着最快、最高、最强的新纪录，并且更满怀信心地向着那更快、更高、更强的目标稳步前行”，我们必将可以更大的世界前景和未来。

同时，这也正如2010年6月24日，《参考消息》中援引国际金融协会总裁达雷华展望G20多伦多峰会时说的话，中国、巴西等发展中国家的强劲发展，将会使这些新兴市场国家在世界经济舞台上发挥更大的作用，那种由单一国家或地区唱主角的时代已一去不返。中国和其他一些新兴经济体引领了全球经济复苏，尤其在2009年稳定了世界经济增长。确是如此，中国与世界，共同前进、创造和发展，这必然是大势所趋。

这一点也恰似2010年6月25日，《环球时报》中一篇专访土耳其著名作家李凡纳利时他所说的话，世界的未来是东西方文化的交融，同时更要有“百花齐放”，以避免全球文化的同质。确是如此，世界一体化和个体特色化相得益彰、相辅相成，未来的发展更是既需要世界不同的交叉跨越。同时，又需要各自更为丰富鲜明的独特案例。这种多极化、求同存异的发展，既是世界智慧的相互激烈碰撞，又更是全球相互的促进和激发。相信我们一定能够在这个全新的时代更好地去开创，我们更必将给这个世界带来更大的动力和力量。

另一方面，在受到鼓舞和激励的同时，我们也应该保持理智和清醒，更应该时刻分辨清楚、真正认知和自我反省。任何事物都是矛盾的对立统一体，有积极的看法，我们也更有客观和预警的评价。针对中国的创新创造和前进发展，我们进一步深入的仔细展开对比、探讨和分析，我们就会看到，中国与世界先进国家之间还有很大的差距，而且，不只是一个方面。尤其是“那种永远带着危机意识、向着世界先进水平、冲着文明最高境界急起直追的精神”方面。中国巨龙，需要不断地历练、革新和完善！其实，中国在通往更高端、更核心、更前沿的科技创新和发展水平上，还有很长的一段路要走。

世界永远在不断地发展和变化，机会和战略机遇亦总是稍纵即逝。全新的时代，发展作为必然趋势，无论是在规模方式，整体实力，还是在制度完善，人才资源等方面，尤其是核心特色内容和创新创造水平，中国还需要投入更多的心血和更大的智慧、行动。

然而，正所谓没有过不去的火焰山，没有趟不过的通天河；哪里有压迫，哪里就会有反抗，哪里有阻挡，哪里就会有突破。坚信勤劳勇敢、自强不息的中国人民，一定能够勇敢面对一切挑战。同时，强烈的忧患意识和积极乐观的精神，更是激励着人们战胜一个又一个难关，开创一个又一个全新的局面，去创造一个又一个非凡的奇迹！

用智慧和行动的力量，成就中国与世界更多更好的创新创造！

正如2010年6月28日，《南方人物周刊》杂志中描述的两名中国杰出青年人才在英国著名的《Nature》（《自然》）科学杂志上发表一篇重要论文中的一段话：“科学上只有第一，没有第二！”“是中国制造还是中国创造?”“是继续做‘世界加工厂’，还是能升级为‘世界发动机’?”这些疑问的背后，其实冀望的是中国科技实力的真正崛起！

把握重要的战略思想和机遇，重视人才和教育，仰望星空，更应脚踏实地，全力实现并成就未来中国“世界创新实验室”的伟大目标。

中国需要这样的精神和思想，中国需要这样的创新创造。这是一个全新的世界和时代，中国需要更多的杰出大师、大家和人才！中国更需要我们更多的潜能智慧和行动力量！

中国创造 引领未来·世界和未来见证

我们感谢这个伟大的时代，我们感谢地球与宇宙赐予人类生命！

这个美丽的星球，这个美丽的世界，给了我们无限的可能和创造的力量！

中国创造，这是一个重要而宏伟的战略构思；中国创造，这更是中国自强不息的精神和坚定奋斗的决心！

这是一个关键的战略机遇期！“创造”，体现着中国的思想和文化；“创造”蕴含着我们的内涵和修养！

激发创造潜力，启迪智慧活力！中国还有很长的一段路要走。纵观国内，放眼世界，历史古今，时空巨细，我们需要真知和明识，需要清醒和理智！所以，在未来的道路上，我们需要不断地反思和学习，不断地探索和进取，同时，更要坚定信心，勇敢突破和超越，执著奋斗和前进！

有一种精神叫挑战，有一种力量叫超越；有一种眼泪，叫感动，有一种善良，叫勇敢！

有一种可能，叫突破；有一种奇迹，叫创造！

中国，正处在一个全新而非凡的时代！世界需要中国，需要中国创造！中国创造，必将成就中国，成就世界！

未来有一天，中国创造，实现理想，更是实现“全球共创”，并成为“全球共创”中的重要一环，那么，中国创造和世界创造，一定将会给整个人类带来更大的福祉，成就更美好的世界和未来！

因此，我们在内心应有一个坚定的信念和声音：Come on！No problem！We can make it！

是的，放眼眺望，2050 年实现初步理想的中国会怎样？21 世纪的中国会如何？再推而广之，22 世纪的中国和以后呢？我们对中国与世界的未来充满了无限渴望；我们对奋斗的希望和理想充满了无限向往！

这一刻，我们已坚定地踏上这最具非凡魅力和最伟大的征程！

Created in China！Go Forward！中国创造，勇敢前进！

Created in China！Take Your Action ，Now！中国创造，立即行动！

Come on！No problem！We can make it！

Yes，Create！We can do make it！

这是我们永远坚定不移的信念，这是中国与世界一个最伟大时代的开创！凝聚全球合力和智慧，中国一定能够与世界一起真正实现中国创造和“全球共创”！

积淀、学习、历练，挑战、突破、超越、升华、革新、创造！为更多的自由、民主、平等、博爱、公平和正义！中国创造，成就世界奇迹和力量！中国创造，实现人类理想和辉煌！

创造！引领这个时代，引领人类最伟大的思想！

中国创造，引领世界，引领未来！

这是一个全新的世界浪潮，这是一个全新的时代变革！创造，改变世界！

这一刻，立足坚实根基，坚定信心与行动，全力投入和开创！中国创造！让世界和未来共同见证！

后　记

一个没有创造活力的世界，是一个没有前景和未来的世界。

一个没有挑战和革新精神的国家或企业，是一个永远都不可能成就任何非凡伟业的国家或企业。

生活在这个地球上的每个人，更是如此。

在《中国创造》一书整个创作编辑的过程中，这样的认识，让我们刻骨铭心。

现实当中，想和做，永远都是两回事，但又是对立统一的。任何事情的真正做成都绝非轻而易举，更决非主观臆断或一蹴可就。它需要非常深入细致的探索研究和一丝不苟的钻研分析，尤其在追求科学真知和创新创造的道路上，要看我们有没有这样一种坚定的心态和毅力去始终不懈地自我反省和有力把握。

在写作这本书的过程中，我们发现，越是深入透彻地研究和分析，我们就越深刻地感觉到我们知识的欠缺，我们仍需不断地学习，不断地努力提升自我。

是坚持，是那种坚定不移的信心和信念，给了我们强大的奋斗力量！

是执著，是那种顽强不屈的毅力和品格，点亮了我们心中最无悔的希望！

是勇敢，是那种从不畏惧的气魄和胆略，推动着我们一往无前乘风破浪！

是理想，是那种创造奇迹的胸怀和渴望，激励着我们自强不息追求梦想！

感谢我们最可敬、可爱的恩师、亲人和朋友；

感谢我们每个人最无与伦比的激情、梦想，潜能、希望，兴趣、爱好，动力和活力！

衷心感谢我最亲爱的父母，感谢认真负责的编辑和无数人的关心、支持与帮助。

衷心地感谢并将此书献给我最敬爱的、最慈祥的在天上静谧安息的外公……“外公，请您放心，您的外孙一定会时刻铭记您的教诲……”

最最亲爱的亲人，我爱你们，深深深深地爱着你们！

真诚地感恩这所有的一切！

感恩这个世界最伟大的真善美，感恩人类最伟岸的爱、情感和灵魂！

这是源自心灵的呼唤；这是“创造”力量的乐章和交响。

中国创造，时刻激荡在我们的血液、骨髓和心灵深处。

“自强不息，厚德载物；努力进取，奋斗不止”！这是我们永远不变的精神理念和追求！

最后，衷心祝愿：

“独立之思想，自由之精神”的灿烂之花，竞相迸发；“中国创造”和世界共同创造的理想光芒，精彩绽放！

王红领

2010 年　于北京